Otto Mayer

Die dingliche Wirkung der Obligation

Otto Mayer

Die dingliche Wirkung der Obligation

ISBN/EAN: 9783743654365

Hergestellt in Europa, USA, Kanada, Australien, Japan

Cover: Foto ©Andreas Hilbeck / pixelio.de

Weitere Bücher finden Sie auf **www.hansebooks.com**

Die

dingliche Wirkung der Obligation.

Eine Studie zum Mobiliareigenthum des Code civil
und des deutschen Handelsgesetzbuches.

Von

Dr. Otto Mayer.

Erlangen, 1879.

Verlag von Eduard Besold.

Rec. March 11, 1899

Druck von E. Th. Jacob in Erlangen.

Vorwort.

Die Gesetze kommen rasch heutzutage. Angesichts des werdenden deutschen Civil-Gesetzbuches mag sich jeder noch einmal das Rechtssystem betrachten, in welchem er bisher thätig war.

Das künftige deutsche Mobiliareigenthum scheint sich im Wesentlichen nach dem Muster des Preußischen Landrechts gestalten zu wollen. Wir möchten dem das Bild eines anderen Systems entgegen halten, welches der code civil uns fertig darbietet; durch die Bestimmungen des deutschen Handelsgesetzbuches ist es ja von allgemeinerem Interesse geworden.

Der Titel, den wir gewählt, bezeichnet einen Hauptgrundsatz des französischen Fahrnißrechtes; er soll von vorneherein darauf hinweisen, wie entfernt die Gedankenwelt ist, in welcher wir uns hier bewegen, von der des römischen Rechts.

Inhaltsangabe.

	Seite
I. En fait de meubles la possession vaut titre.	1
II. Abweichungen vom reinem Besitzesrechte	10
III. Possession précaire	17
IV. Erforderniß der bona fides	23
V. Obligation de donner; Ueberblick	41
VI. Nutzanwendung für das deutsche Civil-Recht	53

I. En fait de meubles la possession vaut titre.

Die Bestimmungen des Art. 306 unseres Handelsgesetzbuches hatten bekanntlich in den Berathungen der Kommission einen starken Widerstand zu überwinden und sind zuletzt nur Dank der entscheidenden Stimme des Präsidenten durchgedrungen. Es war die römischrechtliche Theorie, welche sich gegen die Aufnahme dieser Sätze sträubte. Durch solche Bestimmungen, hieß es, würde man mit der allgemeinen Rechtsanschauung in Konflikt gerathen, „zumal wenn der Antrag in der Anlage A. angenommen werden sollte" — der dann auch angenommen worden ist — „durch welchen die Lehre vom Eigenthum in ihren Grundlagen erschüttert und letzteres nahezu aufgehoben werde" [1]). Von der andern Seite suchte man zu beruhigen: „Die Idee, auf welcher der Antrag in der Anlage A. beruht, sei selbst dem römischen Rechte nicht fremd, treffe vielmehr mit der Rechtsidee der Ersitzung redlich erworbener Mobilien in der Hauptsache zusammen und unterscheide sich von ihr nur durch die Uebergehung der willkürlichen justinianischen Fristen" [2]).

Der verwandte Satz des französischen Rechts: En fait de meubles la possession vaut titre, hat schon ganz das Nämliche von sich sagen lassen müssen. Wir finden einerseits Klagen, wie die bei Toullier [3]), der ein solches Besitzesrecht für unvereinbar erklärt mit dem Begriffe des Eigenthums:

---

1) Lutz, Protokolle der Kommission zur Berathung eines allgemeinen deutschen Handelsgesetzbuchs IX. S. 4607.
2) Lutz, Protokolle S. 4610.
3) Droit civil français. T. XIV. n° 104 ss.

„Cet effet de l'appréhension de la possession est banni de chez tous les peuples civilisés par l'établissement de la propriété permanente." Also, meint er, kann es sich hier nur um eine Usukapion handeln, um eine dreijährige Ersitzung mit erleichtertem Beweise des Titels [4]).

Andrerseits sucht man das Gesetz, wie es ist, ohne die willkürliche Zuthat der drei Jahre, als Ersitzung zu rechtfertigen und so entsteht die Theorie von der prescription instantanée: Besitz, bona fides und justus titulus sind erforderlich, nur der Zeitablauf ist auf ein Minimum herabgesetzt — „la prescription, au lieu de durer trente ans, dix ans ou trois ans („die willkürlichen justinianischen Fristen") est instantanée [5])."

Dieser Gedanke spielt in der französischen Jurisprudenz keine geringe Rolle; wir finden ihn, außer bei Marcadé, vorgetragen bei Demolombe [6]), Mourlon [7]), Rivière [8]) und vielfach schimmert er noch bei Anderen hindurch [9]). Ja den Redaktoren des Code civil selbst scheint er vorgeschwebt zu haben. Die Vorläufer des Gesetzbuchs bringen den Satz noch einfach als Thatsache, ohne weitere Begründung. Wenn sie ihn sämmtlich unter die Ueberschrift der prescription setzen [10]), so fügen wenigstens Pothier und Bourjon die ausdrückliche Verwahrung bei, daß es sich hier doch nicht um eine

---

4) l. c. n° 116.
5) Marcadé, Explication du code Napoléon zu Art. 2279 n° 1.
6) Cours de code Napoléon t. IX. n° 622.
7) Répétitions écrites t. III. n° 1985.
8) Revue de législation, année 1851 p. 310.
9) So in dem vielverbreiteten Lehrbuch von Boileu, Commentaire sur le code civil t. 3 titre XX. chap. 5, sect. 1ère. Auch ein Aufsatz von Mumm, in Ztschr. f. franz. Civ.-R. Bd III. S. 73 kommt im Wesentlichen auf diesen Standpunkt zurück (S. 97 ff.).
10) Pothier, Coutume d'Orléans, Introd. au titre XIV. n° 4. — Bourjon, Droit commun de la France, livre III, t. XXII. chap. 5. — Denizard, Collection de décisions v° prescription. Bourjon hat die Regel vorher schon einmal unter einer selbständigen Ueberschrift gebracht (livre II, titro 1er, chap. VI, n° 1); wenn er sie hier unter der Rubrik prescription wiederholt, so scheint dies zu geschehen, um einem gewissen Herkommen zu genügen.

Verjährung handle, sondern um ein Recht, welches die Verjährung überflüssig mache. Für den Praktiker lag es nahe, ein Recht, welches immer mit der Verjährung geht, welches diese sogar ersetzt, zuletzt doch wie eine solche zu behandeln. Der Code civil hat sich bekanntlich um abstrakte Theorien nicht viel gekümmert; untergebracht mußte der Satz werden, und so erscheint er denn einfach eingereiht in den titre de la prescription, unterworfen den allgemeinen Bestimmungen über die Art des Besitzes, Hindernisse der Verjährung u. s. w. und lediglich als eine besondere Art derselben in Bezug auf die Zeit [11]).

Demnach läßt sich jedenfalls der Lehre von der prescription instantanée eine gewisse praktische Brauchbarkeit nicht absprechen. Was der Code civil praktisch will, muß doch ziemlich zusammentreffen mit dem, was sich aus einer solchen Verjährung, wenn man sie einmal annimmt, ergeben würde. Aber als wissenschaftliche Erklärung betrachtet, ist diese Theorie geradezu eine Ungeheuerlichkeit; Verjährung ohne Zeitablauf streift an den Scherz vom hölzernen Eisen. Es gehört schon eine starke Bedrängniß dazu, um Juristen wie die eben genannten zu einem solchen Auskunftsmittel zu treiben. Diese Bedrängniß allerdings existirt. Die französische Jurisprudenz steht fast noch mehr in den Banden des römischen Rechts wie die deutsche. Wenn diese zu sehr geneigt ist, selbständige Systeme aufzustellen, so ist es jene vielleicht zu wenig und sie klammert sich desto fester an das einzige System, welches sie vorfindet. Und da sich in dieses der fremde Satz nun einmal offenbar nicht anders einfügen läßt, als auf Kosten der Logik, so zahlt man auch diesen Preis: denn dahinter steht Toullier's Verzweiflung am ganzen Bestande des Eigenthumsbegriffs der civilisirten Völker.

Mit dem naiven Romanismus dieser Lehre ist es heutzutage vorbei. Die rechtshistorischen Forschungen haben sie nach und nach unmöglich gemacht, indem sie mit immer allgemeinerer Anerkennung die Grundlagen unseres Satzes nachwiesen in

---

[11]) Art. 2279 gehört zu chap. V. du temps requis pour prescrire, sect. 4: de quelques prescriptions particulières.

dem alten germanischen Fahrnißrechte und im Zusammenhange mit dem Begriffe der Gewêre.

Es ist das Verdienst Renaub's diese Forschungen zuerst verwerthet zu haben zu einem gründlichen Verständniß des französischen Rechtssatzes. Seine Schilderung in dem berühmt gewordenen Aufsatz [12]) läßt den Gegensatz zum römischen Rechte frei und rücksichtslos hervortreten. Nach altgermanischer Ansicht sind die Sachen lediglich Accessorien der Person, in deren Herrschaftskreise (saisine) sie sich befinden. Im römischen Rechte trägt die Sache wie eine ihr Innewohnende Eigenschaft die Zugehörigkeit an den dominus mit sich herum. Hier aber ist sie demnach rechtlich farblos, sie hat nur eine Beziehung zu dem sie unmittelbar beherrschenden Willen, der sie nicht mehr aus seiner Herrschaftssphäre entläßt. Sofort aus jenem Grundgedanken ergibt sich für das römische Recht die unbedingte Vindikation jeder Sache, an welcher ich Eigenthum einmal erworben und nicht wieder in aller Form aufgegeben habe. Dieses Recht der Vindikation geht bis an die Grenze, welche das öffentliche Interesse ihm steckt in der Verjährung. Im germanischen Rechte aber ist eine Sache, „die einmal aus dem Kreise einer Person in die Herrschaftssphäre einer anderen gekommen war" nicht verfolgbar. Ausnahmen gelten nur für den Fall eines persönlichen Anspruchs und für verlorene oder gestohlene Sachen. Dies ist nach Renaud das geltende Recht des Code civil, wie er im Einzelnen nachweist.

Die Erkenntniß, daß man es hier mit einem dem römischen Rechte frembartigen Elemente zu thun habe, ist auch in der französischen Jurisprudenz durchgebrungen; sie wird aber in sehr verschiedener Weise verwerthet. Der Unterschied liegt in dem Grade der Selbständigkeit gegenüber dem römischen Rechte.

Auf der ersten Stufe gilt das Eigenthum im römischen Sinne als Ausgangspunkt; es ist der Selbstverständliche, Ursprüngliche. Jener Rechtssatz, der den alten coutumes und lois barbares ent-

---

12) Kritische Zeitschrift f. Rechtswissenschaft und Gesetzgebung des Auslandes Bd. XVII. S. 140 ff. Französisch durch Chauffour in der Revue de législation et de jurisprudence, année 1845, I. et II.

nommen ist [13]), erscheint im Lichte eines störenden Eingriffes und lediglich in dieser Störung des wahren Eigenthums liegt seine Bedeutung. Die in der deutschen Rechtswissenschaft gebräuchliche Phrase von der „germanisch-rechtlichen Beschränkung der Vindikation" erscheint hier in ähnlichen Ausdrücken. So bei Troplong [14]); der Satz, sagt er, findet lediglich Anwendung zur Vertheibigung gegen eine action réelle: „c'est alors que fidèle à la règle que les meubles n'ont pas de suite, il fait prévaloir la possession sur la propriété et élève un obstacle contre la revendication." Nach Aubry und Rau [15]) hätte die Regel nur die Kraft für den Besitzer, daß mit ihrer Hülfe „il peut repousser toute action en revendication." Aehnlich Folleville [16]): „C'est à l'action en revendication du propriétaire et à cette action seulement que s'attaque la maxime." — Unsere Regel ist zur Bedeutung einer Einrede im Vindikationsprozesse herabgedrückt; sie schafft kein Eigenthum, die Frage nach dem Eigenthum bleibt vielmehr ganz unberührt daneben stehen [17]). Stellt man auf diese Weise den Satz: mobilia non habent sequelam, vereinzelt in das römische Eigenthum hinein, so bekommt man ein ganz verunstaltetes Eigenthum, welches im Widerspruche mit seinem Begriffe nicht geschützt wird. Das ist's aber gerade, was Troplong meint, wenn er von unserem Satze sagt: „il fait prévaloir la possession sur la propriété." Das Nämliche wollen ausdrücklich Aubry und Rau [18]): „la propriété des meubles ne jouit pas de la même protection et des mêmes garanties légales que cette dernière (propr. des immeubles). Ainsi

---

13) Aubry et Rau, cours de droit civil § 183, 2.
14) Droit civil expliqué. De la prescription n° 1043.
15) l. c. § 183 n° 1.
16) De la possession des meubles et des titres au porteur. n° 17.
17) Troplong, l. c. n° 1951: toutes les fois qu'il s'agira d'invoquer la possession d'une chose mobilière pour connaître quel est son vrai propriétaire qui est ignoré, l'art. 2279 ne sera d'aucun secours.
18) l. c. § 190.

par exemple le propriétaire de meubles corporels ne peut, sauf les cas de perte et de vol, les revendiquer contre des tiers détenteurs." Folleville [19]) sagt von der Regel: „la loi préfère le tiers acquéreur au vrai propriétaire révendiquant;" er fragt fast bedauernd: „quelle est la véritable nature de l'obstacle ainsi opposé au succès de l'action réelle dirigée par le propriétaire victime de la spoliation" [20]), und meint „en conscience" könne der dritte vielleicht doch verpflichtet sein, die Sache zurückzugeben [21])! —

Man hat den Riß gefühlt, der durch den Eigenthumsbegriff geht, und aus dem Bestreben, eine versöhnende Formel zu finden, entsteht eine zweite Theorie zur Auslegung unseres Rechtssatzes, welche theilweise neben jener ersten herläuft, theilweise auch wieder weit über sie hinausgreift. Der Besitz, sagt man, wirkt nur deshalb so, weil das positive Recht eine Präsumtion mit ihm verbindet, daß er Eigenthum sei. Troplong [22]) denkt noch an eine wirkliche Rechtsvermuthung, welche dem Gegenbeweise weichen würde; ebenso Dalloz [23]); nach dem Zeugnisse von Folleville [24]) und Laurent [25]) wäre dies zur Zeit die in der Rechtsprechung herrschende Lehre. — Aber der Besitz des Dritten überwindet ja auch das nachgewiesene Eigenthum des Klägers; deshalb sucht man nach Ausdrücken, welche sagen, daß etwas Stärkeres gemeint sei als eine gewöhnliche Vermuthung. Aubry und Rau [26]): „une présomption de propriété qui est en général absolue et irréfragable." Folleville [27]): une présomption légale, juris et de jure, en général absolue et irréfragable."

Je stärker und je unwiderleglicher diese Präsumtion wird, desto schwerer wird es begreiflich, wie man hier noch von

---

19) l. c. n° 32.
20) l. c. n° 17.
21) l. c. n° 25.
22) l. c. n° 1051.
23) Répertoire, v° préscription, n° 265.
24) l. c. n° 24.
25) Principes de droit civil français, t. 32 n° 542.
26) l. c. § 183, 1°.
27) l. c. n° 23.

bloßen Präsumtionen reden kann, desto leichter ja nothwendiger wird aber auch der Uebergang zu der **dritten Theorie**, welche wohl als die modernste in der französischen Jurisprudenz bezeichnet werden kann. Der Besitz ist geradezu der Grund eines wirklichen Eigenthums, welches er erzeugt, gleich einem regelmäßigen Erwerbsakte. Der eben angeführte Folleville [28]) bringt unmittelbar neben seiner présomption de propriété den Ausspruch: „la possession est attributive de droit." Arntz [29]), welcher wie Folleville die germanischrechtliche Grundlage betont, baut darauf den Satz: „la seule possession d'un meuble constitue un titre d'acquisition légitime." Laurent [30]) verwirft in gleicher Weise aus historischen Rücksichten die prescription instantanée und die Präsumtionstheorie und findet seinerseits, daß nach art. 2279 der Besitz schlechthin wirke als eine „cause légitime d'acquisition" [31]). In dieser Theorie haben wir vorläufig das letzte Wort der französischen Jurisprudenz und in ihr ist dieselbe nach manchem Schwanken auf einem Punkte angelangt, wo der Besitz auf der neuen germanischrechtlichen Grundlage wieder eine positive Wirksamkeit äußert, ähnlich der, die man in der prescription instantanée durch römische Doktrinen zu rechtfertigen suchte. —

Wenn wir aber jetzt den Gang und das schließliche Ergebniß dieser Entwicklung überblicken, so glauben wir für das geltende französische Recht folgende zwei Sätze aufstellen zu können:

1. **Ein Mobiliareigenthum im Sinne des römischen dominium besteht nicht.** All die verschiedenen Theorien, welche wir betrachtet haben, hatten den Zweck, Mittel

---

28) l. c. n° 73.
29) Cours de droit civil français t. II. n° 2085.
30) l. c. t. 32 n° 540 ss.
31) l. c. n° 544. Allerdings fallen unsere drei Schriftsteller daneben wieder zurück in die alte Auffassung. Es sieht aus, als hätte die ganze acquisition doch schließlich nur den Zweck und die Bedeutung, eine Einrede gegen die Vindikation zu geben. Arntz l. c. n° 2085; Folleville l. c. n° 74; Laurent l. c. n° 576.

und Wege zu bieten, um die eigenthümliche Rechtsregel des Code civil mit dem römischen Eigenthumsbegriffe zu versöhnen. Eine nach der anderen hat sich als unhaltbar erwiesen. Die letzte, welche allein noch bleibt, sucht ihre vernichtende Kraft vergebens zu verhüllen, wenn sie den Besitz als einen modus acquirendi dominii wie die anderen hinstellt. Ein Eigenthum, welches so sehr am Besitze hängt, daß es mit diesem verloren geht, daß der neue Besitzer sofort wieder Eigenthümer wird, ist nicht mehr das feste unwandelbare dominium, welches zur Eigenschaft der Sache geworden ist; das römische Eigenthum ist wesentlich la propriété permanente, wie Toullier es nannte, und die ist hier ein für allemal nicht mehr zu finden. Das gefürchtete divortium a jure Romano ist vollendet in seiner schlimmsten Gestalt. Und keine besseren Zeugen können wir finden als die Anhänger des römischen Rechts selbst, welche von dem nunmehr zur vollen Anerkennung gekommenen Satze eine Erschütterung der Grundlagen des Eigenthums, eine Aufhebung der propriété permanente verkündigten.

2. Aber es gibt ein **Mobiliareigenthum**, wenn es auch etwas ganz anderes ist, wie das des römischen Rechts.

Im alten germanischen Rechte ist der Besitz, die thatsächliche Gewalt über die Sache, — Besitz und nichts weiter. Man kann dem Besitzer die Sache nicht abstreiten, nicht weil er ein besonderes Recht an ihr hätte, sondern weil ein außerhalb des Besitzers stehendes Recht nicht existirt, auf Grund dessen sie in Anspruch genommen, vindicirt werden könnte [32]. Der Rechtszustand kennzeichnet sich daher auch hauptsächlich in negativen Sätzen: mobilia non habent sequelam, meubles

---

[32] Renaub l. c. 140: „An beweglichen Sachen gab es allgemein keine gewêre, wohl aber lagen diese innerhalb einer gewêre." — Man sucht die Sache allerdings vielfach so hinzustellen, als hätte das Recht eigentlich bestanden und hätte nur wegen der mangelhaften Entwicklung des Prozesses, der noch keine rechte dingliche Klage hervorgebracht hatte, nicht zur Geltung gebracht werden können (so Heusler, die gewêre, Exkurs II). Uns scheint ein Recht so lange nicht vorhanden zu sein, als es nicht geschützt ist; so oft man ein ungeschütztes Recht entdeckt, ist es ein Beweis, daß man einen fremden Begriff in den gegebenen Zustand hineingetragen hat.

n'ont point de suite, Hand muß Hand wahren. Das „obstacle à la revendication" ist die ganze Bedeutung des Besitzes, wie ja auch eine neuere französische Theorie noch annimmt. In Wirklichkeit bedeutet aber der Besitz im heutigen französischen Rechte etwas anderes; er erzeugt ein positiv rechtliches Verhältniß, welches über die bloße Thatsache des Besitzes hinausgeht und über demselben steht. Der Ausschluß der Vindikation ist erst die Folge dieser materiellen Wirkung. So bezeichnet schon Bourjon den Zusammenhang [33]); er sagt: En matière de meubles, la possession vaut titre de propriété.... De là il suit que dans la thèse générale les meubles ne sont sujets à suite. Den Ausdruck „vaut titre" (scil. de propriété) gebraucht auch der code civil und gibt damit dem Besitz noch eine außer ihm selbst liegende rechtliche Bedeutung. In der Theorie von der présomption de propriété ist dieses hinter dem Besitze stehende rechtliche Moment gleichfalls anerkannt; die Lehre von der prescription instantanée und vom mode d'acquisition de propriété betrachtet ihn geradezu nur als Mittel zur Erzeugung eines anderen rechtlichen Effektes. Dieses Mehr ist überall die propriété mobilière, die rechtliche Zugehörigkeit der Sache, welche als rein rechtliches Verhältniß mit dem römischen dominium eine gewisse Aehnlichkeit hat und sich nur wegen ihrer Abhängigkeit von der Thatsache des Besitzes sehr von ihm unterscheidet.

Es ist deshalb auch nicht richtig, wenn Renaud [34]) sagt: „dieselbe Idee, welche in dem germanischen Rechte sich negativ durch die Ausschließung des Anevangs äußerte, hat das französische Recht positiv ausgedrückt, indem dasselbe vorschrieb: en fait de meubles etc." Der Satz enthält mehr als eine Negation und Renaud erkennt dies selber an, wenn er fortfährt: „Der Besitzer einer beweglichen Sache ist kraft einer Fiktion als Eigenthümer anzusehen".

---

33) l. c. livre II, titre 1 chap. VI n. 1.
34) l. c. S. 151.

II. Abweichungen vom reinen Besitzesrecht.

Der Nachweis eines Eigenthumsbegriffes neben dem Besitze hat zunächst einen theoretischen Werth; er wird von praktischer Bedeutung, insoferne es dadurch möglich wird, daß dieses Eigenthum, obwohl seiner Natur nach vom Besitze erzeugt und am Besitze hängend, doch aus dem nächsten Zusammenhang mit dem Besitze trete und sich so äußerlich von demselben scheide. Daß eine solche Scheidung, eine solche Abweichung vom reinen Besitzesrechte thatsächlich stattfinde, will Renaud nicht zugeben. Nach ihm wäre der einfache Besitz, wie er im altgermanischen Rechte vor jeder Klage schützte, jetzt schlechthin und unbedingt die Grundlage jener Fiktion des Eigenthums.[1])

Allein in strenger Durchführung dieses Systems geräth er mit einigen feststehenden Sätzen des französischen Rechts in einen scharfen Zwiespalt. Zwei solcher Rechtsregeln haben wir vor Allem hier anzuführen: den Eigenthumserwerb durch bloßen Vertrag und das Erforderniß des guten Glaubens. Nach Art. 1183 des c. c. bewirkt der **obligatorische Vertrag auf Ueberlassung des Eigenthums den sofortigen Uebergang des dinglichen Rechtes**. Renaud findet dies unvereinbar mit dem Grundsatz des Art. 2279, wie er ihn versteht, und stellt daher auf: dem Art. 1138 sei durch Art. 2279 hinsichtlich der Mobilien derogirt worden; bezüglich dieser ist ja der Besitzer immer Eigenthümer, also geht auch im Falle der vertragsmäßigen Veräußerung das Eigenthum an solchen erst über durch Besitzübertragung[2]).

---

[1]) Mit selbstverständlicher Ausnahme der gestohlenen und verlorenen Sachen; diese haben ihr Sonderrecht, welches uns für die Frage nach dem Princip des Eigenthums keinen Aufschluß gibt; wir lassen sie deßhalb ganz bei Seite. In Wirklichkeit scheint uns übrigens bei denselben auch keine Ausnahme von der Identität von Besitz und Eigenthum vorzuliegen. Die betreffende Klage beruht wohl auf der Annahme einer Fortdauer der gegen den Willen des bisherigen Herrn der Sache aufgehobenen Gewere.

[2]) Renaud, l. c. S. 213; so auch Zachariä-Puchelt §. 180 Anm. des Herausgebers.

Eine derartige Antinomie wäre aber doch wirklich etwas auffallend. Dreimal spricht der c. c. unseren Satz förmlich aus: als Regel für den Erwerb des Eigenthums (Art. 711), als Regel für die Wirkung der Obligationen (Art. 1138) und als solche für die Verkaufsobligation insbesondere (Art. 1583). Nirgends ist von der Beschränkung auf liegendes Gut die Rede. Für dieses war ja, wie die Entstehungsgeschichte des c. c. ergibt, die Sache sogar viel weniger entschieden als für die Fahrniß. Es handelte sich bekanntlich noch um die Einführung eines Grundbuchsystems[3]) und der Art. 1138 bedeutet für die Immobilien, wie Demolombe sich ausdrückt[4]), nur eine Art Waffenstillstand; die endgültige Entscheidung war durch Art. 1140[5]) gerade bezüglich des Hauptpunktes vorbehalten.

Was hat man also gewollt, wenn nicht einmal für die andere Art von Gütern, die Fahrniß, der Art. 1583 ernstlich und entscheidend gemeint war? Für diese bestand ja ein solcher Zweifel nicht, welcher die Hinausschiebung der endgültigen Ordnung verlangt hätte, etwaige Einschränkungen des Fundamentalsatzes waren jetzt schon zu übersehen. Einer solchen Einschränkung, wenn man es so nennen darf, begegnen wir gleich nach dem Art. 1138 in dem vielbesprochenen Art. 1141. Wenn der Verkäufer die bewegliche Sache vertragswidrig nochmals verkauft und dem zweiten Käufer sie übergibt, so hat dieser den Vorzug, guten Glauben vorausgesetzt. Hier sind zwei juristische Thatsachen in zeitlicher Aufeinanderfolge gegeben: einmal ein obligatorischer Kaufvertrag, dessen Wirkung nicht mehr bestimmt zu werden braucht, sie ist ja eben erst in Art. 1138 angegeben worden; der Käufer ward Eigenthümer; hierauf eine Besitzübertragung, deren Wirkung hier schon in Gemäßheit des Art. 2279 bestimmt wird, wie auch Renaud hervorhebt; sie bewirkt die Aufhebung des durch den Kaufver-

---

3) Duranton, Cours de droit français, t. X, Nr. 428. — Toullier, l. c. t. VI Nr. 204.
4) l. c. t. 24, p. 462.
5) „Les effets de l'obligation de donner ou de livrer un immeuble sont réglées au titre de la vente et au titre des privilèges et hypothèques." — Bekanntlich ist dies dann doch nicht vollständig geschehen.

trag begründeten Eigenthums und die Entstehung eines neuen. An Art. 2279 wird also jetzt schon gedacht; Art. 1141 hat geradezu den Zweck an einem besonderen Falle zu zeigen, wie der Grundsatz des Art. 1138 und der des Art. 2279 in einander greifen können und jeder dabei zu seinem Rechte kommt [6]). Es ist unmöglich anzunehmen, daß der zweite Grundsatz, wenn er später nochmals direkt ausgesprochen wird, auf einmal einen Sinn haben soll, in welchem er den andern ausschließen und abschaffen würde, mit dem er sich nach dem Willen des Gesetzgebers zuerst ganz gut vertrug.

In der französischen Jurisprudenz herrscht auch in der That über die Gültigkeit des Art. 1138 für Mobilien kein Zweifel [7]); mit Recht sagt Rivière [8]) La transmission de la propriété des meubles corporels entre les parties par le seul effet des conventions est un principe bien constant". —

Auch der zweite Satz, an welchem Renaud rüttelt oder, sagen wir, an welchem er um seines Prinzipes willen rütteln muß, ist unzweifelhaft geltenden Rechtes: die französische Rechtswissenschaft und Rechtsprechung, wie sie nun einmal ist, gestattet nur dem gutgläubigen Besitzer sich auf Art. 2279 zu berufen [9]). Renaud glaubt dieses Erforderniß beseitigt zu haben, wenn er [10]), gegen einen verallgemeinernden Schluß aus Art. 1141 (der ja bona fides verlangt) sich verwahrt und

---

[6]) Folleville, l. c. p. 164.

[7]) Duranton, l. c. t. X. Nr. 431; Troplong, titre de la vente Nr. 39, 40; Demolombe, l. c. t XXIV, Nr. 469; Aubry et Rau t. II, p. 55, Nr. 7; Revue de législation, année 1851, t. III, p. 310; Folleville, l. c. Nr. 41.

[8]) Propriété mobilière, p. 181.

[9]) Eine gute Zusammenstellung in dem Aufsatze von Mumm, Ztschr. f. fr. Ziv.-R. Bd. 7, S. 73 ff. Der dort als Anhänger Renaub's bezeichnete Rivière drückt sich allerdings in der Revue de législation, année 1851, t. III; p. 310 unklar und widersprechend aus, in seiner späteren Schrift De la propriété mobilière, p. 183 sagt aber auch er geradezu: „il faut, sans doute, que la possession soit de bonne foi etc."

[10]) l. c. S. 217, Anm.

so auf den bloßen Wortlaut des Art. 2279 verweist, welcher allerdings von der Nothwendigkeit der bona fides nicht ausdrücklich spricht. Allein ist es denn erlaubt aus diesem Stillschweigen so strenge Folgerungen zu ziehen? Der Wortlaut dieses Art. ist ja bekanntlich nicht für den Zweck des Gesetzbuches formulirt worden: „la rédaction de l'art. 2279 est loin d' être complète; elle reproduit un ancien adage assez mal formulé par ceux qui l'avaient imaginé" [11]). Es ist ein Schlagwort des Gerichtssaales; so erscheint der Satz auch schon bei Bourjon [12]); er hat alle Stärken und Schwächen eines solchen. Er bezeichnet einen Gedanken scharf und knapp, er bezeichnet ihn aber nicht vollständig, sondern setzt die nöthige Ergänzung bei den Hörern voraus. Der Gedanke ist hier die Kraft des Besitzes, Eigenthum zu sein. Die Auseinandersetzung der Eigenschaften, welche dieser Besitz haben müsse, würde die Energie des Ausdruckes lähmen. Diese Einzelheiten muß man anderswo her entnehmen; bei Bourjon wie im Code civil ergeben sie sich unmittelbar aus der Zusammenstellung mit der Ersitzung. Damit ist das thatsächlich anerkannte Erforderniß der bona fides hinreichend legitimirt. — Renaud allerdings tritt hier so wenig wie bei jener ersten Frage unbefangen an den Gesetzestext heran; er bringt schon die Ueberzeugung mit, es müsse Alles mit dem alten Besitzesrecht der Gewere stimmen. Diese historische Rücksicht ist sein Hauptargument, nach ihr soll das geltende Recht sich auslegen oder vielmehr geradezu reformiren lassen. Hiemit aber scheint uns ein unrichtiges Verfahren eingeschlagen, welches eher romanistischen Gewohnheiten entstammt. Für das römische Recht mag es angehen, daß man so auf die Quellen zurückgreift und „die Irrthümer der Neueren" damit beseitigt. Aber die modernen Landesrechte haben ihre eigene Lebenskraft; wenn das Recht, welches wir hier in thatsächlicher Geltung finden, nicht mehr stimmt mit den historischen Ausgangspunkten, so ist es nicht Sache der Wissenschaft, die Umkehr zu predigen, sondern dann fügen wir

---

11) Troplong, l. c. Nr. 1043; ähnlich Laurent, l. c. Nr. 559.
12) l. c. titre de la prescription, t. II, p. 911.

uns darein, anzuerkennen, daß hier eine Entwicklung, eine Abänderung stattgefunden hat.

Gerade bezüglich des Erfordernisses der bona fides läßt sich außerhalb des französischen Rechts eine solche Entwicklung nachweisen. Die älteren germanischen Rechtsquellen machten in der That keinen Unterschied zwischen gut- und bösgläubigem Besitzer; erst später tritt der redliche Erwerb in deutschen Rechtsordnungen als eine wesentliche Bedingung hervor [13]).

Soll es im französischen Rechte nicht ebenso gegangen sein?

Zu diesen beiden Fällen von Abweichungen dürfen wir aber hier gleich noch einen dritten, ebenbürtigen hinzufügen. Renaud selbst erwähnt ihn, ohne ihm eine große Beachtung zu schenken. Er sagt bei Anführung des Wortlauts des Art. 2279 [14]): „Es versteht sich von selbst, daß hier bloß vom juristischen Besitzer die Rede ist". Die actio in rem (welche für gestohlene und verlorene Sachen ausnahmsweise gestattet ist) steht deßhalb nach ihm auch nur dem juristischen Besitzer zu, nicht aber dem Commodatar 2c. [15]). „Hierin weicht das neuere Recht vom germanischen ab. — Nach diesem nämlich konnte nur der Commodatar die gestohlene oder verlorene Sache anevangen" [16]). Wenn das altgermanische Besitzesrecht sich einfach durch Hinzufügung der Fiktion zum Eigenthum entwickelt hätte, so müßte der ursprünglich allein Berechtigte b. h. der thatsächliche Inhaber jetzt Eigenthümer sein. Wenn es aber statt dessen jetzt vielmehr der juristische Besitzer ist, so ist eben noch etwas anderes dazwischen gekommen, es hat auch in dieser Beziehung eine Veränderung des Standpunktes stattgefunden, welche uns ebenso tiefgreifend zu sein scheint wie das Aufkommen des Erfordernisses der bona fides.

Wir haben sonach im geltenden Rechte drei bedeutende Abweichungen von dem ursprünglichen Besitzesrechte festzu-

---

13) Kraut, Grundriß §. 102 u. 103. — Anschütz und Völderndorf, Commentar zum D.H.G. B. Bd. III., S. 151.
14) l. c. S. 151. Note 31.
15) l. c. S. 157.
16) l. c S. 157. Note 43.
17) Daß diese drei Fälle auch erschöpfend sind b. h. alle Abweichungen des neueren Rechtes von dem ursprünglichen einfachen Besitzesrechte um-

stellen [17]); während Renaub die beiden ersten mit Unrecht bestreitet, läßt er die letzte einfach unerklärt; sie bedürfen aber alle drei der Erklärung und darin, daß sie diese Erklärung nicht gibt, liegt unseres Erachtens die Unvollständigkeit von Renaub's Theorie.

Es handelt sich nun darum, nicht durch den üblichen Rückfall in halbrömische Erklärungen diese Theorie zu verleugnen, sondern vielmehr, vorwärts von ihr die nöthige Ergänzung zu suchen d. h. das leitende Prinzip, welches von dem Rechtszustand der alten Gewère auf diese Abweichungen führt und ihnen allen gemeinsam ist; denn eine Gemeinsamkeit, wenn wir überhaupt ein Prinzip suchen, dürfen wir wohl vorläufig einmal voraussetzen.

Vom Standpunkte des römischen Rechtes aus erscheinen allerdings unsere drei Sätze nothwendig vereinzelt und zusammenhangslos. Der eine stellt sich dar als Abschaffung der Nothwendigkeit der Tradition zum vertragsmäßigen Eigenthumserwerb; der andere als Uebertragung eines Erfordernisses der Usukapion; der dritte endlich müßte sich erklären aus dem Aufkommen der römischrechtlichen Unterscheidung von juristischem Besitz und Detention.

Auch wer mit Laurent und Arntz in der Regel des Art. 2279 eine besondere Art der acquisition de propriété sieht, dem sind bona fides und Abwesenheit eines Subjektionsverhältnisses wie das des Commodatars Bedingungen dieses Erwerbsaktes und der obligatorische Abtretungsvertrag steht als ein anderer Erwerbsakt daneben.

---

fassen, können wir vorläufig nur durch die Anschauung darthun; die systematische Nothwendigkeit dieser Thatsachen soll sich später ergeben. Für jetzt möchten wir nur schon auf den Parallelismus hinweisen, der besteht zwischen unserer Aufstellung und der Eintheilung, welche Laband (die vermögensrechtlichen Klagen nach den sächsischen Rechtsquellen des Mittelalters §. 15) bezüglich der „Klagen um fahrende Habe" machte; er unterscheidet:

1. Die Klage auf Rückgabe abhanden gekommener Mobilien.
2. Die Klage auf Rückgabe anvertrauter Mobilien.
3. Die Klage auf Uebergabe angeschaffter Mobilien.

Die erste Klage enthält außer Bestandtheilen, die nicht hieher gehören, auch unseren Fall des Mala-fide-Erwerbes; die beiden anderen stimmen mit unseren beiden anderen Rubriken überein.

Aber von Renaub's Grundlage aus betrachtet, fallen alle drei Sätze von vorn herein unter einen **gemeinsamen Gesichtspunkt**: der Besitz ist an sich Eigenthum; ein stattgehabter Abtretungsvertrag, mala fides beim Erwerb und ein Verhältniß wie das des Commodatar machen, daß der Besitz im gegebenen Falle nicht Eigenthum sei, daß vielmehr ein Anderer als der Besitzer als Eigenthümer gelte. Sie bedeuten also gleichmäßig eine **Abschwächung der Kraft des Besitzes** oder vielmehr eine **Richtungsveränderung** dieser Kraft und zwar überall in gleichem Sinne. Weiter sehn wir auch sofort, daß es sich in all diesen Fällen um ein **persönliches Verhältniß des Besitzers** zu Andern handelt (zum Käufer, zum Beschädigten und zum juristischen Besitzer). Damit reißt aber zunächst der Faden ab; in den Formulirungen, welche die herrschende Lehre unseren drei Fällen gibt, bieten sie keine Möglichkeit einer Vereinigung; das Prinzip, wenn es vorhanden ist, wäre also aus einer fremden Hülle erst herauszuschälen. Selbst bis in den letzten Grund hinein geht scheinbar die Spaltung: daß mala fides und das Detentionsverhältniß den Besitz beeinflußen, paßt völlig in das römische System und erscheint wie ein Stück desselben; ihnen steht dann wieder schroff gegenüber der dritte Fall, die Wirkung des Kaufs, als außerhalb des römischen Rechtes liegend, ein fremdes selbständiges Element. Aber gerade in diesem, welches demnach nicht verhüllt und überwuchert ist von den Schlingpflanzen der römischen Theorie, dürfen wir deßhalb auch erwarten, den gemeinsamen Gedanken am reinsten hervortreten zu sehen. Und wie lautet hier das Prinzip in der Formulirung des französischen Rechts? „**La propriété s'acquiert par l'effet des obligations; — l'obligation de livrer la chose rend le créancier propriétaire**" [18]. — Die obligatorische Pflicht zur Herausgabe der Sache, sagen wir kurz: die Erstattungsobligation, wirkt dinglich, sie zerstört das an sich bestehende Eigenthum des Verpflichteten und begründet dafür das Eigenthum des Forderungsberechtigten. Wir glauben diesen Satz

---

[18] Art. 711, 1138 c. c.

zum Leitstern nehmen zu dürfen für die nun folgende Einzeluntersuchung. Die verschiedenen Fälle der Abweichungen vom Grundsatze: Besitz ist Eigenthum, sollen sich gemeinsam aus ihm erklären.

Renaud hat in seiner erwähnten Abhandlung nachgewiesen, daß ein Prinzip von der tiefen Bedeutung des in Art. 2279 ausgesprochenen nicht auf diesen Art. allein beschränkt sein kann; er stellte sich zur Aufgabe „den vom Gesetzgeber selbst nicht beachteten Einfluß desselben auf einzelne Theile des Rechtssystems hervorzuheben". Das Gleiche möchten wir hier von dem Prinzip des Art. 1138 sagen. Man muß sich nur ganz vergegenwärtigen, welch einen mächtigen eigenartigen Gedanken die darin anerkannte dingliche Wirkung der Erstattungsobligation enthält. Solch eine Idee kann nicht nur so an einer Stelle des Gesetzbuches auftauchen, um dann wieder ganz zu verschwinden. Wir sind wohl berechtigt zu erwarten, daß wir ihr auch sonst noch begegnen, wo die gleichen Wirkungen der Erklärung harren.

III. Possession précaire.

Der Unterschied zwischen juristischem Besitz und bloßer Detention ist dem älteren germanischen Rechte fremd. Die Klagen gegen Dritte wegen Eingriffes in das durch den Besitz begründete Recht stehen dem Entleiher, Verwahrer oder Pfandgläubiger ausschließlich zu [1]). Es offenbart sich darin eine derbe sinnliche Auffassung des Besitzes, welcher die äußerliche wahrnehmbare Gewalt Alles ist und die kein Gefühl hat für das unsichtbare Band des animus.

Heutzutage und zwar schon seit langer Zeit ist dies anders: die dingliche Rechtsverfolgung gebührt dem Verleiher u. s. w., und der Entleiher ist außer aller dinglichen Beziehung zur Sache gesetzt.

Hier ist also ein Umschwung eingetreten durch den Einfluß neuer Ideen. Nach der herrschenden Lehre erscheint die Sache

---

[1]) Renaud, l. c. S. 157. — Heusler, die Gewere S. 492. — Laband, l. c. S. 106.

auf den erſten Blick außerordentlich klar. Es kommen jetzt einfach die Grundſätze des römiſchen Rechtes zur Anwendung: der Entleiher iſt gar kein Beſitzer, ſondern nur detentor alieno nomine; der animus domini und der wahre Beſitz iſt auf Seiten des Verleihers allein; alſo müſſen auch dieſem ausſchließlich die aus dem Beſitze fließenden Rechte zukommen.

Allein iſt dies auch wirklich ſo ganz ſelbſtverſtändlich? Eine gewaltige Umgeſtaltung läge auch hierin, in ſofern durch den Einfluß der römiſchen Lehre die alte Auffaſſung des Beſitzes ſich geändert hätte. Uns ſcheint aber der Annahme eines ſo frühzeitigen Einfluſſes die Geſchichte der römiſchrechtlichen Theorie ſelbſt zu widerſprechen. Die ſcharfe Scheidung von juriſtiſchem Beſitze und Detention iſt eigentlich erſt mit Savigny durchgedrungen. Vorher haben franzöſiſche wie deutſche Juriſten ſich beſtrebt, dem Pfandgläubiger, Miether u. ſ. w. Beſitz und Beſitzesſchutz zuzuerkennen, oft mit ſeltſamer Begründung [2]). Es iſt gar nicht denkbar, daß die romaniſtiſche Wiſſenſchaft lange vor der Zeit, da ſie ſich ſelbſt erſt klar wurde über die Unterſcheidung, in den überlieferten Gewohnheiten und Partikularrechten einen ſolchen Gegenſatz geweckt hätte.

Höchſt auffallend iſt auch die Thatſache, daß ſelbſt noch in neuerer Zeit, wo doch die römiſche Theorie feſtſteht, in der franzöſiſchen Rechtswiſſenſchaft in bewußtem Gegenſatze hiezu die Anſicht auftritt, die Unterſcheidung von juriſtiſchem Beſitze und Detention (possession civile et naturelle) ſei für das geltende Recht nicht zutreffend. Troplong (l. c. Nr. 239) ſagt geradezu: tant qu'on ne renoncera pas à ces qualifications transportées du droit romain dans le droit français comme dans un sol exotique, on ne trouvera que trouble, non-sens et confusion ... Pour nous le fermier est un possesseur, de même que le gagiste, le séquestre, le commodataire etc. — Dalloz V° prescription Nr. 239 ſtimmt bei; Marcadé l. c. Nr. 63 ſpricht natürlich lebhaft dagegen, ebenſo Laurent l. c. Nr. 263. — Uns genügt es, die Thatſache

---

[2]) Meiſchelber, Beſitz und Beſitzesſchutz §. 21 gibt eine lehrreiche Zuſammenſtellung von ſolchen Theorien.

zu konstatiren, daß eine solche Meinung überhaupt noch auftauchen konnte.

Die Ausdrucksweise des c. c. selbst ist nicht ohne Bedeutung: er gebraucht die Ausdrücke possession und possession réelle im Sinne der äußerlichen Innehabung und im Gegensatze zu einem auch ohne solche möglichen juristischen Besitze [3]). Diese possession réelle spielt eine große Rolle; wo der Besitz wirken soll, ist sie es, die verlangt wird. Das constitutum possessorium verliert im französischen Rechte fast alle Bedeutung; thatsächliche Innehabung ist immer gefordert; so beim Pfandrecht, beim Vorzug des zweiten Käufers, so insbesondere auch für die Anwendbarkeit des Art. 2279 [4]). Diese Verlegung des Schwerpunktes in die sinnliche Aeußerlichkeit des Besitzes enthält schon eine starke Abweichung vom römischen Recht, und wenn sie beweist, daß wenigstens nach dieser Seite hin die alte Auffassung noch lebendig ist, die des animus domini nicht achtet, warum soll dies nicht auch nach der andern Richtung der Fall sein!

Sehn wir nun, auf welche Art die römischen Begriffe von animus domini und detantio hier in die französische Lehre hereinkommen, so bietet sich uns ein schlagendes Beispiel von der störenden Uebermacht der römischen Theorien; wir finden einen scharf gezeichneten, eigenthümlich französischen Begriff, mit allen Erfordernissen einer selbständigen Lebenskraft, der ganz unvermittelt auf einmal umschlägt in einen fremdartigen römischrechtlichen.

Das französische Recht bezeichnet als Grund für die Untauglichkeit des Besitzes des Entleihers und Seinesgleichen den Umstand, daß dieser Besitz eine possession précaire sei. Die possession précaire ist nicht die precaria possessio des römischen Rechts, mit dieser stehenden Bemerkung leiten

---

[3]) Art. 1141, 2076. — Aubry et Rau l. c. §. 432, 2, d.
[4]) Folleville, l. c. Nr. 44. — Laurent, l c. Nr. 555: le possesseur se prétend propriétaire, il doit donc avoir la chose sous sa main.

die französischen Juristen ihre Darstellung ein [b]). Der Name ist aber doch nicht ganz willkührlich gewählt, denn in der That versteht man auch unter dem Mangel, der hier obwaltet, Etwas äußerliches, ein Vitium, welches die Wirkung des an sich gültigen Besitzes zerstört: le vice de la précarité [6]). Der thatsächliche Besitz gilt so sehr an sich für voll, daß er die gesetzliche Präsumption für sich hat, nicht précaire zu sein (c. c. 2230). Entsprechend den römischen vitia possessionis nimmt das vitium der précarité seine Mangelhaftigkeit nicht aus gewissen zuständlichen Eigenschaften des Besitzes, sondern aus den besonderen Umständen, welche dessen Entstehung begleiteten; dort sind es gewisse Formen der Besitzergreifung (vi, clam, precario), welche dem Besitz den vitiösen Charakter geben, hier bestimmt sich derselbe durch die besondere Beschaffenheit des Rechtsgeschäftes, in Folge dessen er begründet wird. In Anlehnung nämlich an das vertragsähnliche precarium, von welchem sie den Namen hat, ist die possession précaire ein Besitz, der vertragsmäßig erworben ist mit der Verpflichtung zur Zurückerstattung. Die französischen Juristen lassen über diese Begriffsbestimmung keinen Zweifel. Troplong gibt dieselbe folgendermaßen (l. c. Nr. 471): „le mot de précaire a dans notre droit un sens beaucoup plus large que chez les Romains; il désigne tous ceux qui possèdent en vertu d'une convention ou d'un titre exprès qui les force à reconnaitre le droit d'autrui." Aehnlich Boileux, commentaire p. 811: „la possession est précaire lorsqu'on ne détient une chose qu'en vertu d'un titre ou d'une qualité qui oblige à la restituer". Laurent, l. c. Nr. 308: „La précarité résulte d'un contrat". — Den Gegensatz bildet dann die possession à titre de propriétaire, d. h. auf Grund einer cause légale d'acquisition de propriété (Marcadé l. c. p. 249), cause légitime d'acquisition (Laurent Nr. 310, Nr. 544), juste cause c. à d. un titre trans-

---

5) Duranton, t. 20, Nr. 224. — Troplong, Nr. 471. — Marcadé p. 89. — Mourlon p. 762. — Vazeille, traité des prescriptions, Nr. 124. — Aubry et Rau, §. 180, 1, a.

6) Mourlon, Nr. 844: Aubry et Rau, l. c. pag. 292.

latif de propriété (Duranton, t. 20, Nr. 186). Die Definition der possession précaire wird deßhalb auch negativ also gefaßt: ceux qui possèdent autrement qu'à ce titre de maître de la chose, recoivent dans notre droit le nom générique de détenteurs précaires (Marcabé p. 89). Le mot de précaire sert à désigner la détention des choses à tout autre titre que celui de propriété (Bazeille Nr. 124).

Somit stellt sich uns hier eine ganz neue Art von vitium possessionis dar, ein Besitz, der die gewöhnlichen Wirkungen des Besitzes nicht hat wegen der besonderen Beschaffenheit des Titels, auf dem er beruht, kurz ein Rechtsgebilde von hervorragender Eigenthümlichkeit, unabhängig vom römischen Rechte. Aber gerade das ist's, was die Jurisprudenz, romanistisch wie sie nun einmal ist, nicht vertragen kann; damit etwas gelte und wirksam sei, muß es seine Legitimation erhalten aus der Urquelle aller Rechtswissenschaft. Die nöthige Anlehnung ist hier leicht zu finden. Die Fälle, um welche es sich handelt, sind ja lauter solche, in welchen nach römischem Rechte der neue Besitzer nur eine naturalis possessio, eine detentio alieno nomine erwerben würde. Also ist die possession précaire nichts Anderes als eine naturalis possessio und daß die für unwirksam erklärt werde, entspricht ja ganz und gar dem römischen Rechte; so ist die Legitimität der Lehre von der possession précaire gerettet.

Für die französische Jurisprudenz ist es zum Glaubenssatze geworden: possession précaire sei simple détention[7]) und possesseurs précaires seien tous ceux qui détiennent une chose sine animo domini[8]). Andererseits sind synonyme Ausdrücke: possession à titre de propriétaire ou animo domini[9]). Marcabé p. 89 faßt dies zusammen: „tous (les détenteurs) se rangent dans deux classes: les détenteurs précaires d'une part, les possesseurs animo domini d'autre part. Das Ineinanderspielen beider Begriffe stellt sich am deutlichsten dar bei Aubry u. Rau, §. 180, 1, a: „les simples détenteurs

---

7) Aubry et Rau, §. 180, 1, a. — Laurent, Nr. 299.
8) Mourlon, Nr. 1843.
9) Troplong, Nr. 239, Nr. 469. — Arntz, Nr. 2016.

dans le sens du droit romain ou les possesseurs précaires selon la terminologie du droit français sont ceux qui détenant une chose en vertu d'une convention ou d'une qualité d'après laquelle ils sont obligés de la restituer à l'expiration du terme fixé par la convention ou lors de la cessation de leur qualité, la possèdent pour le compte d'autrui. — Droit romain, posséder pour autrui und simple détention einerseits, Droit français, détenir en vertu d'une convention und possession précaire andererseits — man fragt sich nur: für was dann diese doppelte Reihe, für was die Erfindung der vitiösen possession précaire, wenn dieselbe doch schließlich einfach und schlechthin die alte römische naturalis possessio ist!

Diesen künstlich geschürzten Knoten wieder zu lösen und die possession précaire aus der unnatürlichen Verschlingung zu befreien, muß unsere erste Aufgabe sein.

Possession précaire und Detention mögen thatsächlich noch so oft zusammentreffen, ihre begriffliche Verschiedenheit darf man darüber nicht vergessen Der Gegensatz von juristischem Besitze und Detention spielt ganz auf dem Gebiete der Willensrichtung, in welcher der Besitz ausgeübt ist; die causa possessionis ist für ihn nur als Beweis dieser Willens= richtung von Bedeutung, sein Wesen berührt sie nicht. Für die possession précaire aber, wie die Juristen sie uns definirt haben, ist gerade die besondere objektive Beschaffenheit der causa die Hauptsache; wenn diese causa in einem Vertrage besteht, der zur Erstattung verpflichtet, ist der Besitz précaire, gleichviel, wie der Wille subjektiv beschaffen sein mag. Es ist eine unabweisliche Forderung wissenschaftlicher Darstellung, daß Begriffe, welche innerlich so sehr auseinander gehn, auch scharf auseinandergehalten werden; wenn man sie, von der äußerlichen Betrachtung des Thatsächlichen geblendet, gewaltsam zusammen= kettet, so leiden beide; bald wird dieser, bald jener von dem andern unterdrückt und mit fortgeschleppt. Beispiele für den verderblichen Einfluß dieses Verfahrens auf die Theorie sind leicht aufzuweisen. So finden wir bei Marcabé (p. 89) den Satz: „le voleur d'un objet le possède à titre de propriétaire et animo domini! — Natürlich, denn für Marcabé besitzt jeder, der animo domini befißt, auch à titre de propriétaire, leßteres „à tort ou à raison" (p. 58). Mit diesem à tort ou à raison ist die Verleugnung des objektiven Charakters des titulus possessionis offen eingestanden und dieser Begriff ganz in das subjektive Gebiet des animus hinübergeführt. Das Seitenstück dazu bietet Arnß (Nr. 2016): „le code entend par possession précaire ou à titre précaire la possession de celui qui, ne détenant une chose qu'en vertu d'un titre ou d'une qualité qui l'oblige à la restituer, est légalement réputé n'avoir pas la volonté de posséder pour lui. Also, ob er in Wirklichkeit will oder nicht, ist gleichgültig, „il est réputé" und zwar um des Titels willen, der hier das subjektive Moment des animus unterdrückt.

Nun kommt aber noch hinzu, daß auch thatsächlich possession précaire und Mangel des animus domini durchaus nicht immer zusammen treffen.

1. Nicht jeder ist possesseur précaire, der den animus domini nicht hat. Dies muß überall da der Fall sein, wo der Wille für einen andern zu besitzen erst nach Begründung des Besitzes hinzukommt und deßhalb außer Zusammenhang mit der causa possessionis steht. Der bisherige Besitzer verkauft die Sache; von dem Augenblicke an besitzt er „pour autrui", wie der emprunteur, locataire, dépositaire [10]). Aber possesseur précaire ist er deßhalb nicht; es müßte denn ein besonderer darauf gerichteter Vertrag stattgefunden haben. Troplong Nr. 494. — Mourlon Nr. 1844 erweitert den Satz: „Celui qui volontairement reconnaît que la chose qu'il possède appartient à un autre, ne s'oblige-t-il point implicitement à la rendre à celui qu'il reconnaît pour maître. Or, quel est l'effet de cette reconnaissance du droit du véritable propriétaire? Elle rend inefficace la possession antérieure, mais sans l'entacher de précarité pour l'avenir. Er gibt dann auch den Grund an; derselbe liegt im Zusammenhang der précarité mit der causa possessionis: „l'obligation de rendre la chose est-elle la condition de la possession acquise, comme par exemple l'obligation du dépositaire etc.:

---

[10]) Duranton, t. 15, Nr. 286.

sa possession est entachée de précarité. — N'est-elle au contraire qu'un effet de la possession acquise ou d'un titre autre que celui en vertu duquel on possède : elle n'empêche point alors la prescription." Beim Verkäufer ist dies Letztere der Fall; der Verkauf, der die Obligation begründet und also den Besitz précaire machen sollte, ist nicht auch der Grund seines Besitzes: „car précisément d'après ce titre, la chose ne devrait pas être entre ses mains."

2. Der titre précaire mit seiner Obligation zur Zurückerstattung der Sache kann den Besitz selbst dann unwirksam machen, wenn der animus domini zweifellos vorhanden ist. Der Erbe, welcher eine fremde Sache in dem Nachlaße des Depositars oder Miethers findet, und glaubt, sein Erblasser habe sie irgendwie zu eigen erworben, kann nach römischem Rechte ersitzen (L. 3 D. 41. 5; — L. 44 D. 41. 3; L. 5 §. 3 D. 41, 10); er besitzt pro suo und animo domini. Der code civil entscheidet dagegen: „Les héritiers de ceux qui tenaient la chose à quelqu'un des titres désignés par l'art. précédent (Miethe, Hinterlegung, Nutznießung) ne peuvent non plus prescrire (Art. 2237). Der Grund liegt nicht darin, daß dem Erben der animus domini abgesprochen werden könnte, sondern in dem vitium der précarité, welches mit der Obligation auf ihn übergeht. — Dalloz V° prescription Nr. 429: Il faut cependant décider que le vice qui se trouve dans la possession du défunt nuit à l'héritier, quand même il ignorerait ce vice, parce qu'il faut remonter au principe; l'héritier tient son droit du défunt, il est tenu de toutes les obligations du défunt et il ne peut pas prescrire parce que son auteur n'aurait pu le faire.— Duranton t. 21, Nr. 243 wirft die Frage auf, ob der Erbe des Nutznießers, des Miethers ersitzen könne und fährt dann fort: elle (la question) a été décidée contre les héritiers de l'usufruitier et avec raison, parce que bien que la possession dans leurs mains n'ait plus eu pour objet la jouissance de la chose à titre d'usufruit, elle a néanmoins conservé son caractère primitif de précaire qui résulterait de l'obligation pour l'usufruitier ou son héritier, de rendre la chose au pro-

priétaire, à l'extinction de l'usufruit. Cette obligation, sans doute, était prescriptible par trente ans comme toutes les obligations, mais elle imprimait à la possession un caractère de précaire etc. Eod. Nr. 255: l'expiration du bail, l'extinction de l'usufruit, le payement de la dette pour lequel un immeuble a été donné en antichrèse ou un meuble en gage, n'opère point un changement dans le principe de la possession, pas plus au profit de l'héritier du détenteur qu'au profit de celui-ci, quoique la cause pour laquelle la possession ou la simple détention lui a été concédée ait cessé par ces évènements. La possession est toujours précaire sous un autre point de vue, à raison de l'obligation où était celui qui a reçu la chose de la rendre à celui duquel il l'a reçue, obligation prescriptible sans doute, mais qui faisait obstacle à la possession pour soi. — Marcabé (p. 108) spricht vom héritier de l'usufruitier, der bona fide den Besitz fortsetzt: l'extinction de l'usufruit, c. à d. la suppression de fait du titre précaire, suivi d'une possession animo domini n'empêche pas la précarité de se continuer légalement. Ebendaselbst berichtet Marcabé über einen der Universalsuccession des Erben analogen Fall: C'est ainsi qu'un arrêt du parlement de Paris du 21 août 1551 condamna l'évêché de Clermont à restituer à Catherine de Médicis la seigneurie de cette ville quoique les évêques l'eussent possédée animo domini depuis plus de 300 ans, parce qu'il fut établi que dans l'origine elle n'avait été remise à ces évêques par l'auteur de Catherine qu'à titre de dépôt.

Wir sehen hieraus: der animus domini ist praktisch so gleichgiltig für die possession précaire wie er es begrifflich ist. Diese ist überall und nur da vorhanden, wo eine causa possessionis mit vertragsmäßiger Erstattungsobligation gegeben ist; die précarité reicht dann auch so weit als die Erstattungsobligation sich erstreckt, unbekümmert um etwaige Wandelungen des animus. Diese Erstattungsobligation ist der wahre Kern des vitium, welches der possession précaire anhaftet, und auf sie allein sind alle jene Wirkungen zurückzuführen, welche wir hier beobachten. —

Die Wirkungen der précarité werden im französischen Gesetzbuche bei der Lehre von der Verjährung behandelt und die Juristen beobachten dieselbe Eintheilung. Es gilt aber als feststehend, daß die précarité, ebenso wie sie die Verjährung hindert, auch die Anwendbarkeit des Art. 2279 ausschließt. Diese Einschränkung ist neben der unbedingten Fassung der Regel stillschweigend vorausgesetzt. Eine solche stillschweigende Voraussetzung bringen unter den Vorläufern des c. c. Bourjon[11] und Pothier[12]. Bei Denizard[13] dagegen sehen wir eine besondere Bedingung hinzugefügt; er sagt: „nous tenons au Châtelet pour maxime certaine que celui qui est en possession de meubles, bijoux et argent comptant en est réputé propriétaire, s'il n'y a titre au contraire. Man hat schon öfter hervorgehoben, daß Denizard hiemit in einen Widerspruch zu Bourjon trete[14]; dieser habe einen unbedingten Erwerb im Auge, Denizard aber nur eine gewöhnliche Präsumtion zu Gunsten des Besitzers, die vor dem einfachen Gegenbeweis verschwinde. Denizard würde damit etwas sehr Unbedeutendes statuiren, das war leicht nachzuweisen; der Widerspruch an sich aber wäre höchst seltsam, da beide Schriftsteller sich auf den Gerichtsgebrauch des Châtelet berufen. Uns scheint Denizard gänzlich mißverstanden zu sein. Was meint er denn mit seinem titre contraire? In der vorausgehenden Abhandlung über das Wort Possession hat er von solchen Titeln gesprochen. Er bringt dort deren zweierlei, welche dem Besitzer entgegen gesetzt werden können; einer wirkt unbedingt und ohne Rücksicht auf Zeitablauf: quelqu' ancienne que soit la possession du fermier, du locataire etc., elle ne peut jamais lui faire acquérir la propriété; son titre s'y oppose. Wo dieser Titel nicht vorhanden ist, besteht eine possession civile. Auch diese kann mit einem Titel bekämpft werden, aber dann kommt es auf die Dauer des Besitzes an: alors quand une partie oppose un titre contre la possession, ou distingue si le titre a pu être

---

11) L. c. livre II., titre I., chap. VI., Nr. 1.
12) Traité de la possession Nr. 13 und Nr. 30.
13) Collection V° prescription.
14) Toullier, t XIV., Nr. 111. — Troplong Nr. 1041. —

anéanti par la prescription. Le titre est impuissant, si la possession a été assez longue etc. — Wenn nun nach Denizard für den Verjährungserwerb der Mobilien keine Zeitfrist fixirt ist, dieser Erwerb vielmehr sofort stattfindet, so ist ein titre contraire im zweiten Sinne von vorne herein ausgeschlossen (der Besitz ist ja immer „assez long"), nur jener erste absolute titre contraire kann gemeint sein, und der ist, wie wir sehen, kein anderer als unser titre précaire. Denizard sagt also dasselbe, was Bourjon anerkanntermaßen stillschweigend voraussetzt; nur tritt bei ihm die Anschauung lebendiger hervor, daß hier ein Aeußerliches beschränkend eingreift in das unbedingte Besitzesrecht; der Besitz ist an sich titre de propriété, die précarité zerstört diesen Titel wieder durch den titre contraire.

Die précarité wirkt also zunächst formell als **Modifikation der alten Rechtsregel**. Materiell aber bedeutet sie keine einfache Verneinung; man darf sich die Sache nicht so vorstellen, als würde der Besitz nunmehr durch dieses vitium gänzlich vernichtet; seine Unwirksamkeit ist vielmehr nur eine **relative**: es wirkt nicht für den possesseur précaire, aber es wirkt für den Andern, von welchem dieser précairement besitzt. Die herrschende Lehre bringt diese Thatsache zum Ausdruck in der Sprache des römischen Rechts, wenn sie sagt: dieser Andere sei der wahre Besitzer mit dem unentbehrlichen animus domini und der possesseur précaire betinire nur alieno nomine für jenen und zu dessen Vortheil. Diese Begründung ist unrichtig, aber das Wesen der Thatsache selbst ist damit so genau bezeichnet, als es der romanistischen Jurisprudenz überhaupt möglich ist: es ist keine **Vernichtung**, sondern eine **Uebertragung der Wirksamkeit des Besitzes**, welche hier stattfindet, die dingliche Wirkung, die der Besitz nach Art. 2279 hat, überträgt sich durch die précarité auf den Berechtigten, den der titre précaire bezeichnet. Wir aber halten uns lediglich an diese Thatsachen und die falsche römische Hülle streifen wir ab. Die précarité ist nichts Anderes als die vertragsmäßige Erstattungspflicht des Besitzers, diese Obligation ist's also, welche bewirkt, daß das an sich dem Besitzer gebührende Eigenthum auf einen Andern sich übertrage. —

Wir haben gesehen, daß die französische Jurisprudenz die Erstattungsobligation entschieden genug als das eigentliche Wesen der précarité anerkennt. Obwohl ihr nun bezüglich der dinglichen Wirkungen der précarité alles genugsam erklärt wird durch die daran gehängte detentio alieno nomine, so finden wir doch auch in ihr manche — wenn auch fast widerwillig abgegebene — Aussprüche, welche diese Wirkungen direkt an die Obligation anknüpfen.

In beiderlei Richtung geschieht dies, nämlich in Bezug auf die Zerstörung des Rechts des Besitzers und in Bezug auf die Begründung des Rechts für dessen Gläubiger; beides zusammen macht ja die Uebertragung aus.

1. Daß die Obligation wenigstens mit persönlicher Klage gegen den Besitzer geltend gemacht werden könne, erscheint uns von vorne herein als selbstverständlich. Delvincourt allerdings hatte die absolute Unanfechtbarkeit des Besitzes auch gegenüber einer Erstattungsobligation behaupten wollen. Troplong Nr. 1044 sucht nun dem gegenüber die Obligation wieder zu ihrem Rechte zu bringen und wird dabei im Eifer unwillkürlich zur Behauptung einer noch stärkeren Wirkung als der persönlichen fortgerissen. Er stellt den Vorgang in seiner anschaulichen Art folgendermaßen dar: „par exemple je vous donne un meuble à titre de dépôt ou à titre de prêt ou à titre de location. Votre possession, qui, du reste, n'est qu'une possession précaire, n'a aucune vertu en présence du titre que je lui oppose. Je la réduis à sa juste valeur en faisant paraître votre obligation et ce n'est pas ici qu'est applicable la maxime en fait de meubles la possession vaut titre. Ou du moins, si la possession est un indice de la propriété d'un meuble ou d'un immeuble, ce n'est qu'autant qu'on ne montre pas un titre contraire [15]) qui prouve que vous, possesseur, vous ne tenez que de moi votre détention". Durch Aufweisung der Obligation wird also der Besitz seines Werthes entkleidet; darin liegt schon die Anerkennung einer dinglichen Wirkung, und es wäre wohl dieser nicht angemessen, wenn nur der obligatorisch Berechtigte, nicht jeder Dritte sie anrufen könnte. Troplong selbst nennt aber die précarité

---

15) Der titre contraire des Denizarbl

ein vice absolu; er hält es für unzulässig zu entscheiden: que la possession précaire à l'égard des uns n'est pas précaire à l'égard des autres et que le titre se pourrait être changé à l'égard des uns et rester le même à l'égard des autres [16]). Also muß auch ein Dritter durch den Nachweis der Erstattungsobligation des Besitzers in der von Troplong angegebenen Weise den Besitz desselben unwirksam machen können. — Rivière [17]) wünscht de lege ferenda, das Gesetzbuch sollte nicht mehr „décider d'une manière absolue qu'elle (la possession) doit être à titre de propriétaire"; der Besitz sollte nur ungenügend sein, wenn er wäre „à titre précaire vis-à-vis de celui qui réclamerait le meuble" — ganz konsequent von einem Standpunkte aus, welcher die Obligation im titre précaire wirken sieht und den Grundsatz der dinglichen Wirkung der Obligation — wie ihn das Gesetzbuch enthält — nicht kennt. — Folleville [18]) führt als Bedingungen der Anwendbarkeit des Art. 2279 zunächst ein ziemlich buntes Gemisch von römischen und französischen Ausdrücken auf, fährt aber dann fort: „si le possesseur était tenu à un titre quelconque de restituer le meuble, il ne serait plus qu'un détenteur précaire et lorsqu'il voudrait invoquer l'art. 2279, on le repousserait en vertu de son obligation personelle: on lui opposerait les art. 2236 et 2237 aux termes desquels ceux qui possèdent pour autrui n'ont pas une possession efficace au point de vue de l'acquisition de la propriété." — Nach Laurent [19]) ist der Besitz une cause légitime d'acquisition. Der Besitzer muß aber behaupten können, Eigenthümer zu sein: „il suit de là que cette possession doit être celle d'un propriétaire, il doit donc posséder à titre de propriété". Besteht ein „lien personel de restituer la chose", so kann der Besitzer den Grundsatz des Art. 2279 nicht anrufen, „puisque le titre personel prouve qu'il n'est-pas propriétaire". Dies gilt insbesondere von dem possesseur

---

16) l. c. Nr. 370. — Ebenso Mourlon Nr. 1828, Aubry et Rau §. 180 Note 8., Laurent, Nr. 308.
17) l. c. p. 183.
18) l. c. Nr. 32.
19) L. c. Nr. 544.

précaire: „leur possession implique une convention en vertu de laquelle ils sont obligés de restituer la chose". Er findet es auffallend [20], daß auf solche Weise ein Contract zwischen dem Besitzer und einem Andern von einem Dritten angerufen werden könne — dies ist nicht blos auffallend, sondern darin liegt geradezu die Anerkennung der dinglichen Wirkung dieses Kontraktes.

2. Die Kehrseite hievon, nämlich die dingliche Wirkung der Erstattungsobligation zu Gunsten des Gläubigers finden wir am bestimmtesten ausgesprochen bei Aubry u. Rau [21]: le principe établi par le premier alinéa de l'article 2279 dans l'interêt seul du tiers possesseur contre lequel serait dirigée une action en revendication proprement dite, ne peut être invoquée que par celui qui possède pour son compte animo domini et non par celui qui détenant pour autrui se trouve soumis à une obligation de restitution. Ainsi le dépositaire, le commodataire et tous autres qui seraient reconnus ne posséder que pour le compte d'autrui ne sauraient, en se prévalant de la maxime: en fait de meubles la possession vaut titre, repousser l'action personnelle en restitution dirigée contre eux . . . . Les actions personelles dont il vient d'être parlé peuvent être exercées non seulement contre le débiteur lui-même, mais encore contre ses créanciers qui auraient frappé de saisie les meubles à la restitution desquels ils se trouvaient obligés".

Die nämliche Erklärung der Distraktionsklage bringt Laurent [22]. Die Distraktionsklage ist aber doch die reinste dingliche Klage, welche man sich denken kann, und schärfer kann die dingliche Wirkung der Erstattungsobligation eigentlich nicht bezeichnet werden, als dadurch, daß man sie in dieser Klage wirken läßt gegen jeden Dritten, der die Sache an sich ziehen will.

Hier wäre auch noch ein Ausspruch von Duranton zu

---

20) l. c. Nr. 308.
21) l. c. §. 183, 4.
22) l. c. Nr. 554.

erwähnen [23]): „le déposant et le prêteur à usage ont pareillement action contre celui à qui la chose a été remise en dépôt ou prêtée par le dépositaire ou l'emprunteur, pour se la faire restituer. Et il en est généralement ainsi dans le cas où le contrat d'un autre concerne notre chose". Duranton gibt diesen Satz als eine Anwendung des Art. 1166, der den Gläubiger kraft seiner Forderung ermächtigt, die Forderungsrechte des Schuldners gegen Dritte geltend zu machen. Also ist es nach seiner Begründung die Erstattungsforderung gegen den Verwahrer oder Entleiher, welche die Sache in dessen Händen zu notre chose macht und uns gestattet sie von dem Dritten zurückzuverlangen. —

So sehen wir denn in der possession précaire eine Obligation bestimmend eingreifen in die dinglichen Wirkungen des Besitzes; sie überträgt diese Wirkungen von dem Schuldner auf den Gläubiger; ist also der Schuldner Besitzer, so ist durch sie der Gläubiger Eigenthümer. Doch ist hier zunächst nur von einer besonderen Art der Erstattungsobligation die Rede: von der auf einer vertragsmäßigen causa possessionis beruhenden; lediglich um anvertraute Sachen im Sinne von Laband's Eintheilung handelt es sich bei der possession précaire b. h. also um Besitzerwerb auf Grund eines Contrakt's oder Quasicontrakt's mit Rückgabepflicht. Als einzelne Beispiele werden uns angeführt [24]) — für Contrakt: der fermier, séquestre, dépositaire, usufruitier, gagiste, mandataire; für Quasikontrakt: le mari quant aux biens de sa femme, le tuteur, le negotiorum gestor.

---

23) t. 10. Nr. 547.
24) l. c. 2236. — Troplong Nr. 472. — Marcadé, p. 104. — Dalloz, Nr. 400 ss. — Aubry et Rau §. 180.

IV. Erforderniß der bona fides.

Wer mit Renaud das System des alten Besitzesrechtes in seiner ursprünglichen Reinheit aufrechterhalten will und alle neueren Erfordernisse zurückweist, der dürfte doch nicht übersehen, daß das einzige Element, welches in die alte Starrheit noch Leben gebracht hatte, im Begriffe steht zu verschwinden. Die unbedingte Gefeitheit der gestohlenen und verlorenen Sachen hängt eng zusammen mit der formalistischen Aeußerlichkeit des Systems, welche mehr und mehr materiellen Anschauungen weicht. So tritt denn auch in vielen deutschen Partikularrechten an die Stelle der Vindikation unter Umständen ein bloßes Einlösungsrecht [1]. Von hier bis zur gänzlichen Versagung des Verfolgungsrechtes ist nur ein Schritt. Im älteren Rechte war er schon hie und da gemacht worden [2]. Bei Berathung des b. H.G.B. Art. 306 hatte man einen Antrag gestellt auf Gleichstellung der verlorenen und gestohlenen Sachen mit den übrigen [3]. Für die Inhaberpapiere ist diese Gleichstellung thatsächlich verordnet. (Art. 307). Ohne Zweifel führt die weitere Entwicklung in dieser Richtung. Das Inhaberpapier geht der gewöhnlichen Waare voraus wie diese der bürgerlichen Sache. — Der c. c. Art. 2280 gibt für die wichtigsten Fälle des Handelsverkehrs gleichfalls nur ein Einlösungsrecht. Die Jurisprudenz aber lehnt sich hie und da schon überhaupt gegen das Privilegium der gestohlenen und verlorenen Sachen auf. Pothier [4] nennt es ein „droit purement arbitraire", wenn die res furtiva der Ersitzung entzogen wird. Troplong [5] äußert sich über das Vindikationsrecht des Eigenthümers der verlorenen Sache: on n'apercoit pas facilement la raison de cette sévérité contre l'acheteur de bonne foi". — Diese ganze Bewegung wäre nicht denkbar,

---

[1] Aeltere Beispiele bei Goldschmidt Ztschr. f. ges. H.R. B. VIII. S. 263 Note 11.
[2] Goldschmidt, l. c. S. 262.
[3] Prot. S. 4615 und 4611.
[4] Traité de la prescription Nr. 204.
[5] l. c. Nr. 1067.

wenn nicht vom Standpunkte des materiellen Rechtes ein ausreichender Ersatz in anderer Weise gegeben wäre.

Diesen Ersatz gewährt, wie auch schon die Stelle bei Troplong andeutet, das Erforderniß der bona fides. Daß diese nothwendig sei für Jeden, der den Art. 2279 für sich anrufen will, setzen wir hier als anerkannt voraus. Es handelt sich uns nur darum, den inneren Grund des Erfordernisses darzuthun.

Zwei Strömungen sind hier in der Jurisprudenz zu beobachten; einig sind beide darin, daß es sich bei dem Erfordernisse der bona fides nicht um einen positiven Nutzen handelt, welchen dieselbe bringen sollte, sondern vielmehr nur um den Ausschluß der mala fides, welche ihrerseits von schädlicher Wirkung auf das Recht des Besitzers sein würde [6]. Welches aber sind diese Wirkungen und auf welche Art bringt die mala fides sie hervor? Hier theilen sich die Meinungen.

Auf der einen Seite geht man aus von der dinglichen Wirkung des Besitzes und fragt, was dafür die mala fides für eine Bedeutung haben könnte. Die Theorie von der prescription instantanée hat ihre Antwort bereit: da Art. 2279 eine Ersitzung vorstellt, solche Ersitzung aber nach römischem Recht und nach dem code civil durch mala fides verhindert wird, so kann der bösgläubige Besitzer den Art. 2279 nicht anrufen [7]. Die wissenschaftliche Begründung wird daneben noch verstärkt durch moralische Rücksichten; die malae fidei possessio darf nicht gelten wegen der fraude, spoliation u. s. w., welche darin liegen würde.[8] — Andere Schriftsteller, welche die Idee einer prescription instantanée nicht billigen, aber doch den nämlichen praktischen Erfolg wollen, haben allerdings für die Begründung desselben nichts Anderes als den moralischen Gesichtspunkt, daß bona fides schön, mala fides aber häßlich sei und die malae fidei possessores für receleurs,

---

[6] Goldschmidt, Zeitschr. Bd. IX, S. 28. So ja auch das römische Recht: Savigny, System, Bd. 3, S. 372.
[7] Marcadé l. c. ad art. 2279 II. — Demolombe t. 9 Nr. 622.
[8] Marcadé l. c. — Mourlon l. c. Nr. 1993.

complices d'une spoliation u. dgl. anzusehen sind⁹). Als wirklichen Grund können wir das natürlich nicht gelten lassen. Es ist uns schier noch lieber, wenn man mit Boileux¹⁰) oder mit dem angeführten Aufsatz in Ztschr. f. franz. Civ. R. unter Verzicht auf alle tiefere Begründung einfach sagt: der Besitz wirkt nach Art. 2279 ähnlich der Verjährung und deßhalb ist bona fides für ihn erforderlich wie bei dieser; die Frage des Grundes bleibt da wenigstens intakt. — Dies ist denn auch thatsächlich der Standpunkt der Praxis. Sie handhabt das Erforderniß der bona fides mit Wirkungen als wenn es sich um eine prescription instantanée handle; das ist das geltende Recht.

Fassen wir zusammen was uns von dieser Seite geboten wird, so ist es eine scharfe und greifbare Formulirung der Wirkung der mala fides. Dieselbe ist eine dingliche; sie zerstört die dingliche Kraft des Besitzes. Wenn sie aber den Besitzer hindert Eigenthümer zu werden, so konservirt sie dadurch das frühere Eigenthum d. h. das Recht der Person, auf welche ja gerade die mala fides des Besitzers sich bezieht. Die mala fides des Besitzers bildet so das Band, welches die Sache trotz des Besitzes an eine andere Person fesselt und hat auf diese Weise zugleich eine positive Wirkung. — Was uns aber hier nicht geboten ward, das ist der Nachweis eines Grundes, weshalb die mala fides so wirken soll. Von der falschen Theorie der prescription instantanée kommen wir durch moralisirende Redensarten hindurch zum offenen Verzicht auf jede Begründung. Praktisch ist alles in Ordnung, aber theoretisch ist's unerklärt.

Daneben her läuft nun eine andere Behandlungsweise der Frage. Die Schädlichkeit der mala fides für den Besitzer soll aus dem Wesen derselben erklärt werden. Die mala fides enthält eine Beziehung zu einem Anderen und es entstehen aus ihr persönliche Verbindlichkeiten des Besitzers. Die Entstehung dieser Verbindlichkeiten läßt sich verschiedentlich

---

9) Troplong, Nr. 1034. — Dalloz, presc. civile Nr. 268. — Duranton, t. 21 Nr. 97. — Laurent, Nr. 559.
10) l. c. ad art. 2279.

denken. Wir finden die Ansicht: mala fides des Erwerbers übertrage die Erstattungsobligation, in welcher der Auktor steht. So Dalloz[11]): si le fermier vendait comme fermier et non comme maitre, il est évident que la précarité survivrait à cette prétendue vente. Vgl. ein dort ange= führtes Kassationshofserkenntniß vom 5. Juli 1823: attendu en outre que le demandeur en cassation a du connaître comme l'a déclaré l'arrêt attaqué que les actions dont il s'agit étaient redevenues la propriété d'un tiers, qu'ainsi le vice de la possession de son auteur ne lui demeurant pas étranger, sa propre possession n'aurait pu même en fait de meubles lui valoir titre. Die précarité, welche sich in beiden Fällen überträgt, ist ja nichts Anderes als die an dem Besitze haftende Erstattungsobligation. Klarer noch spricht Renaud selbst diesen Gedanken aus[12]). Er interpretirt den Fall des Art. 1141, wo hintereinander zweimal verkauft und dem zweiten Käufer tradirt wird, welcher weiß, daß die Sache schon dem Andern gehörte. Nach dem Gesetze darf er die Sache nicht behalten, weil er nicht de bonne foi war; er verliert sie an den ersten Erwerber „indem Letzterer die ihm gegen den Veräußerer zustehende Kontraktsklage gegen diesen dritten un= redlichen Besitzer (wie eine actio personalis in rem scripta) richten kann." — Eine andere Ansicht, und jedenfalls auch die richtigere, geht dahin: die mala fides des Erwerbers begründe eine selbständige Verbindlichkeit nach Art. 1382 des c. c.; Grund derselben ist ein Quasidelikt; wer eine Sache wissent= lich an sich bringt von einer Person, der sie nicht gehört, der begeht ein Unrecht gegenüber dem wahren Eigenthümer und dieses Unrecht ist er gehalten wieder gut zu machen durch Zu= rückerstattung der Sache an den Letzteren. So Troplong[13]), Zachariä=Puchelt[14]), Boileux[15]), Stabel[16]), Aubry und

---

11) prescr. civile Nr. 431.
12) L c. S. 216.
13) l. c. Nr. 1043, 1049.
14) S. 453, Anm.
15) l. c. ad art. 2279 (Hier sind demnach sonderbarer Weise beide Theorien vereinigt).
16) Institutionen des französ. Civ. R. S. 123.

Rau[17]). Zu dieser Deliktsnatur des mala fide Erwerbs passen denn auch all' die scharfen Epitheta, welche die Jurisprudenz hier gebraucht. — Würde es sich um eine Uebertragung der Obligation des Verkäufers handeln, so wäre auch wohl der Vertragsabschluß der Zeitpunkt, auf welchen es bei der Frage der mala fides vor Allem ankäme. Thatsächlich ist es aber vielmehr die Besitzergreifung, für welche bona fides erforderlich wird[18]). — Hiezu kommt aber noch eine andere Rücksicht. Vertragsmäßiger Erwerb von einem Nichteigenthümer ist ja nicht der einzige Fall, wo mala fides in Betracht kommt. Auch der Dieb, auch der unredliche Finder gehören hieher. Von diesen pflegt allerdings nicht viel die Rede zu sein; man hält ihre rechtliche Stellung für genügend abgethan durch die Thatsache, daß der Bestohlene nach Art. 2279 Al. 2 die Sache revindiciren kann. Wie aber, wenn diese Vindicationsklage verjährt ist? Oder wenn etwa — wie für die deutschen Inhaberpapiere — eine solche Vindication ausnahmsweise versagt wäre? In solchen Fällen tritt dann ein anderer Grund hervor, weshalb diese Personen gehalten sind, die Sache herauszugeben: es kommt nach Mourlon[19]): „de leur mauvaise foi ou de l'obligation personelle dont ils sont tenus"; oder wie Folleville[20]) sagt: „il est clair que le voleur a raison de sa mauvaise foi et de son délit et que celui qui a trouvé une chose perdue sont des obligés personnels tenus de restituer". Die Annahme einer Uebertragung fremder Obligationen ist hier ganz ausgeschlossen, die mala fides erzeugt eine selbständige und zwar eine Deliktsobligation. Der Einheit des Rechtsgedankens zu Ehren müssen wir annehmen, daß auch in anderen Fällen die von ihr erzeugte Obligation diesen Grundcharakter habe.

Die Jurisprudenz hat uns also hier aus dem Wesen der mala fides eine Erstattungsobligation des Besitzers als ihre nächste Wirkung nachgewiesen. Was fängt sie aber nun weiter

---

17) l. c. §. 183 Nr. 29.
18) Demolombe t. 24, Nr. 475. Laurent Nr. 561.
19) l. c. Nr. 1998.
20) l. c. Nr. 32.

an mit dieser Obligation? Sie hat nunmehr zweierlei Wirkungen der mala fides vor sich: die mala fides hat Einfluß auf das dingliche Recht des Besitzers — diese Wirkung ist thatsächlich anerkannt, aber ihre theoretische Begründung fehlt; die mala fides erzeugt zweitens eine Erstattungsobligation des Besitzers, — aus dem Wesen der mala fides erklärt, aber, solange sie reine Obligation bleibt, ungenügend zur vollen Darstellung der thatsächlichen Wirkungen der mala fides. Es liegt auf der Hand, in welchem Satze die vermittelnde Einheit dieser beiden Beobachtungen zu suchen wäre. Die Jurisprudenz streift auch nahe und näher daran, sie streckt sich gewissermaßen aus, um von der Obligation her auf jene dingliche Wirkung zu kommen, ohne gleichwohl das Ziel vollständig zu erreichen.

Bei Troplong steht beides noch nebeneinander: zuerst wird entwickelt, daß Art. 2279 gegen die action personelle nicht schützt, welche auf die mala fides bei Erwerb des Besitzes sich gründet[21]; nachher aber die mala fides als absolutes Erfordernis auch für das Recht eines tiers acquéreur hingestellt, also nicht bloß wegen der persönlichen Klage bedeutsam[22].

Bei Mourlon finden sich beide Wirkungen schon verknüpft[23]; „ce n'est pas à l'égard du voleur et de l'inventeur ou de leurs héritiers qu' il a été nécessaire de déroger à notre règle : car tant que la chose volée ou perdue est entre leurs mains, l'obstacle à la prescription instantanée vient de leur mauvaise foi ou de l'obligation personelle, dont ils sont tenus envers le propriétaire". Hier erscheint also die aus der mala fides des Erblassers entstandene persönliche Obligation zugleich als Hinderniß des dinglichen Rechts des Erben. — Aehnlich Folleville[24]; er bezeichnet bona fides als positives Erforderniß für die dingliche Wirkung des Besitzes und rechtfertigt die Versagung derselben für den malae fidei possessor aus dessen persönlicher Verbindlichkeit: „il est

---

21) l. c. Nr. 1043.
22) l. c. Nr. 1061.
23) l. c. Nr. 1998.
24) l. c. Nr. 31.

en faute d'avoir accepté sciemment la chose d'autrui; il doit la réparation de cette faute."

Endlich finden wir bei Aubry und Rau[25]) die Kehrseite dieser Wirkung. Dieselben stellen sich entschieden auf den Boden, die mystische Wirkung der mala fides als einer dunklen rechtszerstörenden Kraft zu verwerfen; sie halten sich einzig an die logisch erkennbare Wirkung der Obligation des Besitzers zur Zurückerstattung. Diese Obligation kann aber nach ihnen der Gläubiger geltend machen — wie bei der précarité — gegen einen Dritten, der die Sache in Händen des Besitzers sich anmaßen will d. h. gegen den pfändenden Gläubiger. Darin liegt aber ja eben die dingliche Wirkung.

In dieser Jurisprudenz ist eigentlich der Gedanke schon enthalten, dessen wir zur vollen Erklärung der Bedeutung der mala fides bedürfen; sie scheut sich nur ihn voll auszusprechen. Mala fides beim Besitzerwerb erzeugt eine Erstattungs=obligation des Besitzers gegen den Verletzten und durch diese Obligation macht die mala fides, daß der Besitz mit seiner dinglichen Kraft nicht für den Besitzer, sondern für den Verletzten gelte, d. h. für den obligatorisch Berechtigten.

Die malae fidei possessio zeigt somit eine gewisse Zusammengehörigkeit mit der possession précaire; hier wie dort ist es eine in der causa possessionis begründete Obligation, welche den Besitz beeinflußt, hier Delikt und Quasidelikt, dort Kontrakt und Quasikontrakt. Den gemeinsamen Gegensatz bildet dann der Besitz, in dessen causa keine Verbindlichkeit liegt, die Sache einem Anderen zu lassen, der obligationsfrei erworbene Besitz. In diesem Sinne bietet die Darstellung, welche wir bei Laurent finden, eine Zusammenfassung des Bisherigen. Er spricht von den „conditions requises pour que la maxime soit applicable[26])" und nennt als erste die possession à titre de propriétaire b. h. einen Besitz, der nicht durch einen titre personnel widerlegt ist. Gerade aus der schäd= lichen Wirkung solcher persönlicher Titel auf das Recht des Be=

---

25) l. c. §. 183.
26) l. c. Nr. 544 p. 560.

sitzers beweist Laurent die Nothwendigkeit des titre de propriétaire[26]); zweierlei Arten führt er an:

1. den titre précaire, bei welchem die causa des Besitzes enthält „une convention en vertu de laquelle ils sont obligés de restituer la chose."

2. Das Delikt[28]): „si le propriétaire a contre eux une action personelle en vertu de laquelle ils sont obligés de restituer la chose, l'art. 2279 est inapplicable. Ainsi ceux qui possèdent la chose en vertu d'un délit ne peuvent pas se prévaloir de la maxime". Dem délit wird dann in derselben Nummer gleichgestellt das délit civil ou quasi-délit, weil es ebenfalls eine Obligation auf Zurückgabe erzeugt, und der Fall desjenigen „qui reçoit de mauvaise foi un paiement indu." Unter diese Rubrik gehört aber doch auch jeder andere Besitzerwerb mit mala fides. Wenn Laurent gleichwohl noch ein besonderes Kapitel macht für das Erforderniß der bonne foi,[29]) so geschieht dieß mehr um die hergebrachten Kategorien beizubehalten, als aus innerer Nothwendigkeit. Der beste Beweis dafür ist die nichts sagende Art, wie nachher dieses vermeintlich neue Erforderniß begründet wird[30]) — natürlich! der ganze reelle Inhalt desselben ist schon in der vorausgehenden Rubrik des délit civil oder Quasidelikt erschöpft.

Was Laurent verhindert, einfach bei seiner Eintheilung zu bleiben, das ist das System der römischen tituli possessionis, welches ihm in die Quere kommt; dort ist der Erwerbsakt alles und er ertheilt dem Besitz seinen Namen, gleichviel welche materiellen Wirkungen damit verbunden sind: man kann pro emtore besitzen als Eigenthümer, als Usukapient und als bloßer Besitzer; auch der malae fidei emtor besitzt noch pro emtore, wenn auch nur pro possessore, und deßhalb glaubt

---

27) l. c. Nr. 544 p. 561 „le titre personnel en vertu duquel il possède ou détient la chose, s'oppose à ce qu'il allègue sa possession comme un titre de propriété, puisque le titre personnel prouve qu'il n'est pas propriétaire".
28) l. c. Nr. 551.
29) L c. Nr. 559.
30) Siehe oben Anm. 9.

Laurent ihn auszeichnen zu müssen vor dem einfachen Delinquenten und vor dem sonstigen malae fidei possessor und macht für ihn eine besondere Rubrik. Aber was sind uns denn im französischen Rechte diese römischen Titulaturen! Wenn man einmal mit Laurent den titre de propriétaire und damit das Recht des Art. 2279 allen Besitzern abspricht, welche persönlich verpflichtet sind zur Zurückgabe, so kann von diesem Urtheil doch der malae fidei emtor nicht ausgenommen werden bloß deßhalb, weil sein Namensvetter der bonae fidei emtor nicht verpflichtet ist! Er gehört in diese Rubrik so gut wie die andern.

Allein auch in der materiellen Auffassung seines titre de propriétaire stimmt Laurent nicht so ganz mit uns überein, als man nach seinen angeführten Aeußerungen glauben sollte. Dieser Titel bedeutet ihm doch mehr als die bloße Abwesenheit von précarité und Delikt: er soll offenbar noch irgend eine positive Tugend haben, dem Besitz erst noch eine Eigenschaft verleihen, die er nöthig hat, um eine „cause légitime d'acquisition" zu sein. Welche Eigenschaft? warum ist sie nöthig? Es dürfte schwer sein, sich aus der Erklärung, welche Laurent gibt[31]), eine halbwegs sichre Vorstellung davon zu machen. Erklären läßt sich das offenbar überhaupt nicht, vielleicht glauben und fühlen; wir gerathen damit einfach wieder in die Metaphysik des justus titulus und der bona fides hinein, wo es greifbare Gestalten nicht mehr gibt. — Folgerichtig verlangt Laurent auch vom Besitzer den Beweis des Vorhandenseins des titre de propriétaire[32]), sofern nämlich der Besitzer nach allgemeinen Prozeßregeln beweispflichtig wäre (wir müssen hier z. B. an eine Distraktionsklage denken). Hiemit tritt er aber in offenen Widerspruch mit dem code civil; Art. 2230, der da sagt, daß der titre de propriétaire für den Besitzer immer präsumirt werde und überall der Gegner den Beweis der précarité zu

---

31) l. c. Nr. 544: „Le possesseur d'un objet mobilier s'en prétend propriétaire et il invoque, à l'appui de sa prétention, la possession; il suit de là que cette possession doit être celle d'un propriétaire; il doit donc posséder à titre de propriétaire."
32) l. c. Nr. 547.

liefern hat³³), beansprucht seiner Fassung nach allgemeine Gültigkeit und nach der Anordnung des Gesetzbuches insbesondere auch Anwendbarkeit auf die prescription particulière des Art. 2279; daß der Satz des Art. 2279 nach genauerer wissenschaftlicher Forschung keine prescription ist, ändert ja an dieser praktischen Vorschrift nichts. Mit dieser Folgerung Laurent's ist zugleich sein Princip widerlegt, aus welchem sie formell richtig gezogen ist.

V. Obligation de donner; Ueberblick.

Wir haben Renaud's Theorie zum Ausgangspunkt genommen, wonach die Thatsache des Besitzes genügt, Eigenthum an der beweglichen Sache zu geben. In den zwei vorangehenden Abschnitten haben wir gesehen, daß diese Wirkung des Besitzes durch eine daneben stehende Obligation beeinträchtigt werden kann, insofern dadurch die Eigenthum erzeugende Kraft des Besitzes sich auf einen Anderen überträgt. Die Obligation, welche solches bewirkt, stellte sich ihrem Inhalte nach sowohl in der possession précaire als in der mala fides dar als Erstattungsobligation, d. h. als die Verbindlichkeit des Besitzers die Sache einem Andern zu lassen, sie diesem herauszugeben. Die bisher betrachteten Fälle haben uns nur eine Art von Erstattungsobligation gegeben: Diejenige, welche gleichzeitig mit der Entstehung des Besitzes entstand, die auf der causa possessionis selbst beruhende. Hier ist der Besitz von Anfang an dem Einfluß dieser Obligation unterworfen und deshalb niemals Eigenthum für den Besitzer gewesen. Nun ist aber noch ein andrer Fall denkbar: der Besitz kann anfänglich frei erworben sein und als obligationsfreier Besitz das volle Eigenthum des Besitzers bedeutet haben; nachträglich aber kommt eine Obligation hinzu des nämlichen Inhalts wie jene, eine Obligation, die Sache einem Andern zu lassen und sie diesem

---

33) Da es sich babei um den Beweis einer Obligation handelt, so sind sogar die hiefür gegebenen Beweisbeschränkungen maßgebend. Aubry et Rau §. 183 Nr. 27.

herauszugeben. Die Wirkungen dieser Obligation müssen offenbar die nämlichen sein: von dem Moment an, wo sie entsteht, überträgt sich die Eigenthum erzeugende Kraft des Besitzes auf den Forderungsberechtigten und haben wir diesen als den wahren Eigenthümer anzusehen. Die Entstehung der Obligation ist also vom Standpunkt des Gläubigers aus betrachtet zugleich dessen Eigenthumserwerb an der Sache. Dieser einzig noch übrige Fall kann nur eintreten durch einen förmlichen Vertrag des Besitzers mit einem Dritten. Die Regeln des c. c. über die Eigenthum übertragende Wirkung der Obligation de donner (Art. 1138) und insbesondere des Kaufs (Art. 1583) bilden sonach den nothwendigen und zugleich erschöpfenden Abschluß unseres Systems. In ihnen finden wir klar ausgesprochen das Princip, welches auch die andern Fälle, mehr oder weniger verhüllt, beherrscht: l'obligation de livrer la chose rend le créancier propriétaire. In diesem inneren Zusammenhang erläutern alle diese so verschiedenen Erscheinungen sich gegenseitig.

Es erhält dadurch zunächst der Satz von der dinglichen Wirkung des obligatorischen Kaufvertrags seine tiefere Begründung. Die Jurisprudenz pflegt bei ihm vollständig den Faden zu verlieren. Man sieht darin nur die Abschaffung des römischrechtlichen Erfordernisses der Tradition[1]) und wenn man fragt: wie kommt das? so erhält man zur Antwort: die Praxis hat es so gemacht. Die Notare hatten sich angewöhnt, bei jedem Verkauf ein constitutum possessorium, eine tradition feinte oder tradition civile hinzuzusetzen; da mußte schließlich die Gesetzgebung ein Einsehen haben und den Leuten die Mühe ersparen, indem sie gleichsam das constitutum possessorium supplirte[2]). In Wahrheit ist diese Praxis nichts Anderes als die nationale Rechtsidee, welche sich unter Wahrung der römischen Formen zu erhalten sucht. Bei der herrschenden Lehre bleibt dieselbe völlig unerkannt und unerklärt, ein vereinzelter Rechtssatz, eine launenhafte Abweichung vom römischen Rechte

---

1) Demolombe, t. 24 Nr. 467. — Folleville, Nr. 81, — Rivière, prop. mob. p. 181 Nr. 1.

2) Verhandlungen des XIV. deutschen Juristentags, Bd. I, Heft II, S. 170 ff. Gutachten von Petersen.

und weiter nichts. Wenn wir nun aber nachweisen, daß die nämliche Idee in sicherer Gesetzmäßigkeit auch in anderen Fällen zum Vorschein kommt, so haben wir der französischen Lehre von der dinglichen Wirkung des obligatorischen Kaufvertrages ihren festen wissenschaftlichen Boden gegeben, dessen sie so sehr bedarf.

Andrerseits werden durch die Erkenntniß dieser Zusammengehörigkeit auch die vorausgehenden Sätze heller beleuchtet. Das allgemeine Prinzip der dinglichen Wirkung der Obligation kann sich in diesem nicht mehr verbergen, sowie einmal der Fall des Kaufs neben sie gestellt wird. Die französische Jurisprudenz selbst bietet uns Beispiele dafür, wie die Hereinziehung des Kaufs sich sofort durch die Auffindung jenes allgemeinen Princips belohnt.

Nach Folleville ist der Besitz eine présomption de propriété absolue et irréfragable[3]), aber: „si le possesseur était tenu à un titre quelconque de restituer le meuble... on le repousserait en vertu de son obligation personelle; on lui opposerait les art. 2236 et 2237 aux termes desquels ceux qui possèdent pour autrui n'ont pas une possession efficace au point de vue de l'acquisition de la propriété[4])... Nous refuserons à l'héritier du dépositaire, du commodataire, du vendeur le bénéfice de l'art. 2279 à raison de leur qualité d'obligé personnel"[5]). Deßhalb wird als absolute Bedingung des Art. 2279 aufgestellt:

„1. il faut que le possesseur soit de bonne foi.
2. il faut que le possesseur ne soit pas tenu personellement de restituer soit de son propre chef, soit du chef de son auteur[6])." —

Mourlon[7]) zählt drei Bedingungen auf, damit die prescription instantanée sich vollziehe, der Besitz also Eigenthum bewirke: „il faut:

---

3) l. c. Nr. 25.
4) Nr. 42.
5) Nr. 33.
6) Nr. 26.
7) t. 8, Nr. 1992.

1. que celui qui l'invoque soit de bonne foi;
2. qu'il possède en vertu d'un juste titre;
3. qu'il ne soit pas obligé personellement à la restitution de l'objet revendiqué."

Diese drei Bedingungen werden zunächst in Nummer 1993, 1994 und 1995 ziemlich oberflächlich begründet. Dann aber fährt Mourlon fort (Nr. 1996): „cette troisième condition se confondra presque toujours avec la première ou avec la seconde: car ceux qui sont obligés personellement à la restitution de la chose qu'ils détiennent, seront le plus souvent des détenteurs précaires ou au moins des personnes de mauvaise foi." Er bringt nun Beispiele, wo dieses Zusammentreffen nicht stattfindet. Das erste bietet der gutgläubige Erbe des Depositars, welcher 30 Jahre lang besessen hat. Hier ist nach Mourlon's Meinung die Obligation erloschen und wirkt nur noch die Mangelhaftigkeit des Titels (précarité). Der andere Fall aber ist der, wo ein Erbe im Nachlasse die Sache findet, welche ohne sein Wissen der Erblasser verkauft hat. Dieser Erbe kann das dingliche Recht des Art. 2279 nicht geltend machen, lediglich wegen der Obligation, denn er ist nicht Prekarist und nicht mala fide.

Gerade die Beobachtung der dinglichen Wirkung der Verkaufsobligation — allerdings zunächst nur nach ihrer negativen Seite — ist es also, welche Mourlon bestimmt, den allgemeinen Satz aufzustellen: daß die persönliche Obligation die prescription instantanée hindere. Nur ein Schritt war von hier aus noch zu machen, um zu sehen, daß dieses Erforderniß nicht blos meistens mit den beiden anderen sich deckt, sondern daß es geradezu überall in diesen enthalten ist, und deren wesentlichen Kern bildet, — dann löst sich die ganze wirre Mannigfaltigkeit in Einheit auf. Die Kehrseite jener negativen Wirkung der Obligation fügt sich ja, auch nach der Meinung Mourlon's, in diesen Beispielen von selbst hinzu: wegen der nämlichen Obligation, die dem Besitzer das Recht entzieht, ist der Käufer Eigenthümer und ebenso der Verleiher, der Hinterleger. Mithin hat hier die Obligation voll die Wirkung geübt, die wir ihr zuschrieben: das Eigenthum zu übertragen b. h. die dingliche Kraft des Besitzes wirken zu lassen für den Gläubiger des unmittelbaren Besitzers anstatt für diesen.

Endlich aber — und damit kommen wir zum Schlußstein des Ganzen, — erhebt sich gerade aus der Zusammenstellung dieser verschiedenen Fälle der Begriff der dinglich wirkenden Erstattungsobligation in seiner ganzen Eigenart. Sie ist nicht ausschließlich enthalten im Kauf, noch im Miethverhältniß, noch im Delikt, sondern sie ist Etwas, was allen gemeinschaftlich ist. Vom Standpunkte des reinen Obligationenrechts bieten diese Verhältnisse nur Verschiedenheiten, die als ihre hervorragenden Merkmale allein das Interesse für sich in Anspruch nehmen: hier die Gewährspflicht und der Kaufpreis, dort das Nutzungsrecht und der Miethzins, da wieder die Schadenserfatzpflicht und die Strafe. Das Gemeinsame tritt erst hervor, wenn der Bann des schroffen Gegensatzes zwischen dinglichem und persönlichem Rechte gebrochen ist und gefragt werden darf: was bestimmt die Obligation bezüglich des Verhältnisses des Besitzers zur Sache? In dieser Beziehung lautet die Antwort für alle Fälle gleich: der Schuldner ist nicht berechtigt die Sache als die seine anzusehen, er hat vielmehr die Verpflichtung, sie einem Anderen zu lassen, sie diesem auch körperlich herauszugeben — de reconnaitre le droit d'autrui, de restituer, de donner la chose. Wenn man sich nur einmal entschließen kann, abzusehen von der Frage des Eigenthums, die hier eine petitio principii enthält, und von den rein obligatorischen Bestandtheilen wie Gewährspflicht, zeitweiliges Zurückbehaltungsrecht, Nutzungsrecht u. dgl., so ist dieser auf das Recht an der Sache bezügliche Bestandtheil, der allein übrig bleibt, in all unseren Fällen gleichmäßig derselbe, eine Obligation des nämlichen Inhalts. Wir haben dafür die Bezeichnung Erstattungsobligation gewählt — man mag sie vielleicht lieber Ueberlassungsobligation nennen oder Auslieferungsobligation — jedenfalls muß sie einen Namen erst erhalten, denn lehrbuchfähig ist sie bisher nicht gewesen.

Diese Erstattungsobligation erscheint, wie wir sagten, regelmäßig verhüllt durch die anderen Bestandtheile des besonderen Obligationsverhältnisses. Doch bietet uns das französische Recht Fälle, wo sie aus diesen anderen Bestandtheilen sich heraushebt und ganz oder nahezu allein übrig bleibt. Dies ist z. B. der Fall bei dem Erben des Diebes, der die charakteristischen Folgen des Delikts (Strafe) nicht trägt, und nur die Sache zurückzugeben hat. Eine ähnliche Vereinfachung tritt ein, wenn das ursprüngliche Vertragsverhältniß aufgehoben wird und nur die Sache noch bei dem Verpflichteten bleibt (Ende der Miethe, Widerruf des Mandats: Bazeille Nr. 129 ff.). Am Interessantesten ist die Wirkung der Verjährung. Ein Recht, welches in Ausübung ist kann nicht verjähren: mein Eigenthum verjährt mir nicht in den Händen meines Detentors, die Erstattungsobligation ebensowenig, so lange der meine Sache hat, dem ich sie vertragsmäßig gegeben habe, damit er sie für mich behalte (l'inaction du propriétaire se trouve ainsi expliquée et justifiéé Mourlon, t. 3 Nr. 1844). Dies ist der Fall bei der possession précaire. Allein nur die Erstattungsobligation wird durch diesen Besitz bewahrt, die übrigen Theile des obligatorischen Verhältnisses sind dadurch nicht berührt, sie können also trotz der Fortdauer des prekären Besitzes verjähren. Hat z. B. der Miether oder Depositar dreißig Jahre lang die Sache gehabt, ohne Unterbrechung, so ist die Obligation aus dem Miethvertrag, aus dem Depositum erloschen, alle daraus fließenden Nebenforderungen, wie Ersatz für Beschädigungen u. s. w. sind verloren. Nur die Erstattungsobligation ist konservirt und auf Grund derselben kann die Sache von dem Besitzer zurück verlangt werden[8]).

Aber auch da, wo die übrigen Bestandtheile des obligatorischen Verhältnisses noch neben der Erstattungsobligation vorhanden sind, zeichnet sich die letztere vor dem Reste des Ganzen aus. Sie wirkt weiter hinaus, und namentlich die Uebertragung derselben geht aktiv und passiv verhältnißmäßig leichter von Statten, so zwar, daß die anderen Stücke der Obligation hinter ihr zurückbleiben. Wir haben oben gesehen, wie Aubry und Rau[9]) die Distraktionsklage entstehen lassen

---
[8] Mourlon t. 3, Nr. 1846. — Laurent, Nr. 310, 544.
[9] l. c. §. 183, 4.

aus der Obligation. Der Verleiher, der Vermiether macht seine Forderung geltend gegen den Dritten, den pfändenden Gläubiger. Macht er aber seine g a n z e Forderung geltend? Nein, nur das Stück von der Obligation, welches sich auf das Recht an der Sache bezieht, die Erstattungsobligation; die Forderung des Miethzinses, die Verpflichtung zur custodia und all diese Stücke, welche die Besonderheit des obligatorischen Verhältnisses ausmachen, wirken nicht gegen den Dritten. — Ebenso ist es im Falle, wo die geliehene, vermiethete, hinterlegte Sache gestohlen wird. Der Gläubiger des bestohlenen Inhabers (also der Verleiher, Hinterleger, Vermiether) kann die Sache vom Diebe zurückfordern in Kraft der Obligation, durch welche der Inhaber ihm gebunden war; aber die besonderen Nebenforderungen aus dem ganzen obligatorischen Verhältnisse stehen ihm gegen den Dieb nicht zu; der Dieb wird ihm gegenüber nicht Miether mit Zinsverpflichtung u. s. w. Nur die Erstattungsobligation reicht soweit; sie überträgt die zweite Erstattungsobligation (die des Diebes) auf den ersten Berechtigten, den Vermiether. — Noch mehr; wenn der erstattungspflichtige Vermiether die Sache weiter vermiethet oder verleiht, so wirkt auch hier die erste Obligation bis zu dem neuen Inhaber. D u r a n t o n [10]) bringt dafür den merkwürdigen (bereits angeführten) Satz: „le déposant et le prêteur à usage ont pareillement action contre celui à qui la chose a été remise en dépôt ou prêtée par le dépositaire ou l'emprunteur pour se la faire restituer. Et il en est généralement ainsi dans les cas où le contrat d'un autre concerne notre chose". Das römische Recht schlüge hier einfach durch mit seiner propriété permanente und der rei vindicatio des dominium. D u r a n t o n aber erklärt den Fall obligatorisch; er sieht darin eine allerdings etwas außerordentliche Anwendung des Art. 1166, wonach der Gläubiger die Forderungsrechte des Schuldners geltend macht; es ist also nach seiner Meinung die Obligation des ersten Depositars, welche geltend gemacht wird, um die des zweiten für den ersten

---

10) t. 10, Nr. 547.

Deponenten wirken zu lassen [11]). Stabel [12]) drückt den nämlichen Gedanken folgendermaßen aus: „Wäre dagegen die Besitzübertragung dessen, dem die Sache anvertraut war, nicht in der Absicht, Eigenthum an einen Dritten zu übertragen, geschehen, sondern diesem die Sache gleichfalls nur anvertraut worden, so kann der ursprüngliche Besitzer als Gläubiger des zweiten die Rechte geltend machen, die dem zweiten gegen den dritten Besitzer zustehen (Art. 1166)." — Die Obligation des Depositars ist es, welche hier wirkt, dies wollen wir festhalten. Allein Art. 1166 ist offenbar mit Unrecht angerufen. Dieser Art. bezieht sich lediglich auf eine Geldforderung; ähnlich dem darauf folgenden Art. 1167 will er den Gläubiger vor Schaden an seinem Vermögen schützen; er gibt ein Exekutionsmittel gegen den Schuldner und auch das nur, wenn derselbe säumig ist in selbständiger Geltendmachung seiner Forderungsrechte [13]). Hier ist es aber lediglich der bestimmte Anspruch auf eine individuelle Sache, welcher sich unmittelbar überträgt. Den wahren Grund dieser und aller anderen Uebertragungen gleicher Art, gibt uns Duranton selbst: es handelt sich dabei um „notre chose"; weil die Sache in Händen unseres Depositars notre chose ist, wirkt jede Erstattungsobligation, welche bezüglich derselben der Depositar erwirbt, auf uns zurück; notre chose ist die Sache aber eben deßhalb, weil wir gegen den besitzenden Depositar die Erstattungsforderung aus dem Depositum haben. So ist's denn allerdings im letzten Grunde die Obligation aus dem Depositum, welche gegen den Dritten geltend gemacht wird, und entsteht in der That etwas Aehnliches, wie eine Anwendung des Art. 1166; aber diese Geltendmachung ist in Wahrheit erst vermittelt durch den dazwischengetretenen Begriff des Eigenthums an der Sache, durch die dingliche Wirkung der Obligation. So oft die Erstattungsobligation in der Person des

---

11) Vgl. auch Duranton, l. c. Nr. 235, wo allerdings die l. 8 C. ad exhib. mißverstanden und banach auch der ganze Thatbestand falsch erklärt wird.
12) Institutionen des franz. Civ.-R. §. 54 S. 123.
13) Larombière, Théorie et pratique des obligations, Art. 1166 Nr. 11.

Verpflichteten den Besitzer trifft, macht sie den Gläubiger zum Eigenthümer und aus diesem Eigenthum entwickelt sich dann die weitere Wirkung, welche einer gewöhnlichen Obligation nicht zukommt. — So verhält es sich ja auch nach der anderen Richtung. Verkauft mir der Besitzer die Sache, so werde ich Eigenthümer durch die Obligation; verkaufe ich sofort weiter, so überträgt sich die Wirkung jener ersten Obligation auf den zweiten Käufer, ohne daß es der Formen einer Cession bedürfte. Das dingliche Recht, welches hinter dieser Obligation steht, vermittelt die Uebertragung.

Unser Satz: **die Erstattungsobligation des Besitzers hat dingliche Wirkung**, stellt sich demnach als eine Nothwendigkeit heraus nach allen Seiten hin: wie einerseits die mancherlei Beschränkungen, welche der Grundsatz der dinglichen Kraft des Besitzes erleidet, nur hierin ihre Einheit und ihre Begründung finden, so andrerseits werden alle die Besonderheiten, welche die Obligation darbietet, wenn sie eine Erstattungsobligation enthält, nur aus dieser Verschmelzung mit dem dinglichen Rechte erklärlich. Wir glauben also in diesem Satze ein wesentliches Element des französischen Fahrnißrechtes nachgewiesen zu haben, ohne welches dasselbe in seiner Gesammtheit nicht verstanden werden kann.

In dem Gesammtbilde, welches wir hienach vor uns haben, spielt allerdings der **Besitz** die Hauptrolle. Er wirkt immer dinglich für den Besitzer, sofern nicht eine Obligation hereingreift d. h. sofern er ein obligationsfreier Besitz ist. Wo aber die Obligation dinglich wirkt, setzt sie immer den Besitz voraus; denn nur sofern der obligatorisch Verpflichtete zugleich Besitzer ist, macht sie den obligatorisch Berechtigten zum Eigenthümer, sie **überträgt** nur die Kraft des Besitzes. In der dinglich wirkenden Erstattungsobligation tritt in das starre abgeschlossene Besitzesrecht ein materielles Element hinein, eine Rücksicht auf Andere, und durch diese Tendenz allein schon rechtfertigt sie sich vor unserem modernen Rechtsbewußtsein.

Wir dürfen uns aber das **gegenseitige Verhältniß** der beiden Bestandtheile nicht so vorstellen, daß wir das auf Besitz beruhende Eigenthum schlechthin als das Ursprüngliche ansehen, welches erst im Laufe der historischen Entwicklung durch das bestimmende Eingreifen der Obligation beeinträchtigt würde. Wir müssen uns vielmehr erinnern an den gemeinsamen Ausgangspunkt des ganzen jetzigen Systems. Dies war ein Rechtszustand, welcher überhaupt den Begriff eines Mobiliareigenthums als eines selbständigen rechtlichen Verhältnisses nicht kannte; anders dürfen wir uns ja das alte germanische Recht nicht vorstellen. Damit ist nicht gesagt, daß nicht immerhin gewisse rechtliche Beziehungen zwischen Person und Sache anerkannt und ausgezeichnet worden wären. Solche ergaben sich ja von selbst. Das einfachste und natürlichste Verhältniß dieser Art war der Besitz, mit welchem das natürliche Recht verbunden war, die Sache zu behalten und Eingriffe jedes Dritten abzuwehren. Ein anderes war der auf irgend einem Rechtsgrunde beruhende Anspruch auf die in Händen eines Anderen befindliche Sache, das Recht ihre Herausgabe von demselben zu verlangen. Dieser Anspruch sonderte sich sogar prozessualisch mit einer gewissen Selbständigkeit von den Ansprüchen anderen Inhalts. Das germanische Recht unterscheidet nicht zwischen dinglichen und persönlichen Klagen, sondern die Eintheilung richtet sich nach dem Gegenstande des Verlangens; so entsteht hier die „Klage um Gut" als besonderer Begriff [14]). Eine Beziehung zur Sache besteht natürlich nur dann, wenn der, gegen welchen der Anspruch gerichtet werden kann, sie auch wirklich in Händen hat; nur für diesen Fall ist auch die „Klage um Gut" gegeben [15]). Der Anspruch selbst kann sich stützen auf das Sonderrecht der gestohlenen und verlorenen Sachen oder auf jede persönliche Verbindlichkeit des Besitzers zur Herausgabe [16]). Darum finden wir denn auch

---

14) Laband, l. c. S. 54.
15) Laband, l. c. S. 58: „da das charakteristische Merkmal der Klagen um Gut darin besteht, daß die Herausgabe einer individuell bestimmten Sache gefordert wird, so folgt daraus, daß diese Klagen nur gegen den Besitzer der geforderten Sache gestellt werden können."
16) Nicht auf das Eigenthum: Laband, l. c. S. 111, S. 133. Man hat nicht die Klage weil man Eigenthümer ist, sondern umgekehrt: aus dem Rechte, die Sache durch eine Klage dem Besitzer abzufordern, entsteht eine eigenthumsartige Beziehung zur Sache.

in der Aufzählung der Klagen um Gut, welche Laband gibt [17] alle drei Fälle unserer Erstattungsobligation wieder. In der Klage wegen abhanden gekommener d. h. gestohlener oder verlorener Mobilien ist unsere malae fidei possessio enthalten; in der Klage wegen anvertrauter Mobilien — die possession précaire; in der Klage wegen angeschaffter Mobilien — die obligation de donner. Diese drei für den Besitz hochwichtigen Rechtsverhältnisse, welche heutzutage unter dem Einflusse des römischen Rechts so sehr verschiedene Dinge geworden zu sein scheinen, treten also schon im alten germanischen Rechte als zusammengehörig auf, verbunden durch die gemeinsame Beziehung auf die Sache und anerkannt als Rechtsverhältnisse besonderer Art um dieser Beziehung Willen. — Denken wir uns nun, daß in einen solchen Rechtszustand der Begriff eines förmlichen Eigenthums neu hineintritt, so muß er nothwendig anknüpfen an die vorhandenen Keime rechtlicher Verhältnisse zur Sache; deren findet er aber sowohl im Besitz, wie auch in der als Klage um Gut wirkenden Erstattungsobligation. So werden denn pari passu beide Beziehungen mit dem neuen Namen bekleidet und mit dem neuen tieferen Gedankenkreise umgeben. Hinter dem Besitz haben wir die Existenz eines Eigenthumsbegriffes bereits oben (Abschn. I.) nachgewiesen; es war ein und dieselbe Bewegung, welche auch der Erstattungsobligation diese Wertherhöhung ertheilte. Sowie aber diese Idee einmal angenommen ist, wirkt sie auch wieder auf die praktische Gestaltung des Rechts zurück, indem sie die Wirkungen des Besitzes und der Obligation, mit welchen sie sich verbindet, wie wir gesehen haben, auch äußerlich erweitert und verstärkt. So bildet sich schließlich jenes System der rechtlichen Zugehörigkeit der Sache heraus, welches uns im heutigen französischen Rechte fertig entgegentritt.

Fragen wir nun: Wie kommt in das germanische System der Begriff eines förmlichen Eigenthums hinein, der diese Umbildung bewirkte? so darf die Antwort wohl vorbehaltslos lauten: durch den Einfluß des römischen Rechts. Wir haben die Theorien bekämpft, welche den Begriff und die Wirkungen des römischen dominium ohne Weiteres auf das

---

[17] l. c. S. 101.

französische Recht übertragen wollen, und haben mit der neueren Lehre die selbständigen germanischen Grundlagen des französischen Fahrnißrechtes betont. Allein, wenn jetzt nach Jahrhunderten der Alleinherrschaft römischer Theorien diese alten Grundlagen wieder aufgedeckt werden, so geht es damit nicht wie bei einem Palimpsest, wo die todte Schrift ganz in ihrer alten Gestalt wieder erscheint. Die zurückweichende Fluth des römischen Rechtes hat ihre Spuren zurückgelassen. Das wesentliche Gerüste des germanischen Fahrnißrechtes ist praktisch erhalten geblieben; aber der Gedanke eines **abstrakten Rechtes** an der Sache, welches auf den gegebenen Rechtsstoff sich niederläßt, **wenigstens soweit derselbe ihn zu tragen vermag**, und welches dann selbst wieder umbildend darauf wirkt, **ist ein Gedanke römischrechtlichen Ursprungs** [18]. Wir haben hier in der That eine Verschmelzung römischer und germanischer Elemente vor uns, wie sie Renaud als Aufgabe der Codification bezeichnet, nur daß die Verschmelzung eine ganz andere Bedeutung hat, als man gewöhnlich annimmt: nicht das germanische Recht greift durch seine Beschränkung der Vindikation in das römische dominium ein, sondern das germanische Fahrnißrecht hat sich, soweit es ihm seiner Natur nach möglich, einen dem römischen Eigenthum nachgebildeten Eigenthumsbegriff beigelegt. Dieses Eigenthum, in seiner Gebundenheit an den Bestand des Besitzes und der Obligation, ist in Wahrheit immer nur ein schwacher Schatten von der mächtigen propriété permanente des römischen Rechts.

---

[18] Das englische Recht, welches sich noch selbständiger entwickelte, als das französische, scheint noch ganz die alte Auffassung festzuhalten und ein dem römischen Eigenthum ähnliches Recht für Mobilien nicht ausgebildet zu haben. Güterbock, Henricus de Bracton, S. 119 Note 64: „Die Unstatthaftigkeit der dinglichen Klagen bei Mobilien gilt auch noch heute in England."

VI. Nutzanwendung für das deutsche Civil-Recht.

Die Verwandtschaft der Bestimmungen des deutschen Handelsgesetzbuches in Art. 306 mit dem Eigenthumsrecht des c. c. wird allgemein anerkannt; auch sie beruhen auf der Grundlage des germanischen Besitzesrechts. Wir glauben aber jetzt den Stammbaum genauer feststellen zu können.

Der Art. 306 handelt von einem Eigenthum, welches in Uebereinstimmung mit Art. 2279 des c. c. wesentlich beruht auf Erwerb des thatsächlichen Besitzes („übergeben worden sind"); daß der von welchem erworben wird, Kaufmann sei, ist eine Beschränkung, welche lediglich aus dem beschränkten Zwecke des Gesetzes sich ergibt. Sachliche Bedingungen sind:

1. Die Sache muß auf Grund eines Veräußerungsgeschäftes übergeben sein („veräußert worden sind").

2. Nur der redliche Erwerber wird Eigenthümer.

Wir sehen hier zwei Bedingungen ausdrücklich aufgestellt, welche wir im französischen Recht erst aus allerhand Bestimmungen zusammensuchen mußten; aber es sind die nämlichen wie dort. Mit der Forderung eines Veräußerungsgeschäftes ist in positiver Form nichts anderes gesagt als der Ausschluß der possession précaire. Das Geschäft, auf Grund dessen Besitz erworben wird, darf nicht eine Obligation übrig lassen, welche die Sache noch mit dem früheren Besitzer verbindet. In diesem Sinne verlangen ja auch die französischen Juristen eine aliénation, eine cause légale d'acquisition [1]). Die Forderung des redlichen Erwerbs aber ist, wie im französischen Rechte, gegen die andere mögliche Art von Erstattungsobligation gerichtet, gegen die aus Delikt und Quasidelikt [2]).

Was Art. 306 verlangt, läßt sich demnach zusammenfassen

---

1) Folleville, Nr. 36; Marcadé, ad art. 2279. II.

2) Die lediglich negative Bedeutung dieses Erfordernisses ist ja wohl auch hier anerkannt. Puchelt, Commentar z. HGB. Art. 306, 2. — Goldschmidt, Ztschr. Bd. 9. S. 28.

in dem Wort: ein obligationsfreier Besitzerwerb. Unser Satz beruht auf dem germanischen Besitzesrecht, aber auf dem Besitzesrecht, wie es sich auch im französischen Rechte entwickelt hat: der Begriff eines über dem Besitze stehenden Eigenthums ist vorhanden und dieses Eigenthum wird, wie die hinzugefügten Bedingungen beweisen, beeinflußt und modifizirt durch die Erstattungsobligation. Er ist also nicht etwa mit dem französischen Rechte nur gleicher Abstammung, sondern geradezu ein Stück aus demselben. —

Unsere Rechtswissenschaft freilich sieht zur Zeit im französischen Fahrnißrechte überhaupt kein einheitliches und folgerichtiges System. Nur so war es möglich, die Frage noch aufzuwerfen: Wie verhält sich jene Bestimmung unseres Handelsgesetzbuches zu der anderen Regel des französischen Rechts, daß Eigenthum übergeht durch bloßen Vertrag? und sie gar so zu entscheiden, wie sie meist entschieden wird.

Endemann [3]) macht noch den Versuch, beide Sätze zurückzuführen auf ein gemeinsames Prinzip: „Die Mobilisirung der Sachenrechte", aus welcher die Eigenthumsbegründung für den redlichen Erwerber schon geflossen ist [4]) und welche das deutsche Recht auch noch zur Annahme des unmittelbaren Eigenthumsüberganges durch bloßen Vertrag leiten müsse [5]). Die Einführung dieses nicht sehr klaren Begriffes wird von Goldschmidt [6]) nachdrücklich und gewiß mit Recht bekämpft. Goldschmidt findet aber seinerseits geradezu einen Gegensatz zwischen den beiden daraus hergeleiteten Sätzen: „Es erscheint, sagt er, wie ein innerer Widerspruch, das Eigenthum durch bloßen Vertrag entstehen zu lassen und gleichwohl dem Eigenthümer gegenüber denjenigen zu schützen, welcher vom bloßen Besitzer erwirbt. Weßhalb für den Eigenthümer die Uebertragung des Eigenthums durch bloßen Vertrag gestatten, für den Besitzer dazu die Besitzübertragung erfordern?" So auch Renaud l. c. S. 214. 225; Verhandlungen des XIV. deut-

---

3) Das deutsche Handelsrecht, §. 76 ff.
4) l. c. §. 76. I.
5) l. c. §. 78. VII.
6) Ztschr. f. d. ges. Handelsrecht, Bd. 9. S. 68 ff.

schen Juristentages Bd. 1, Heft 1, S. 116 (Gutachten von Bornemann) eod. Bd. II. S. 245 (Vortrag des Referenten Dr. Albrecht).

Dieser Widerspruch besteht nicht, sondern die Unterscheidung ist wohl begründet in dem Unterschied der thatsächlichen Voraussetzungen, welchen auch Goldschmidt andeutet. Der c. c. in seinen Art. 711, 1138 und 1583 setzt voraus, daß ein normaler Verkauf vorliege, d. h. vor Allem, daß der Verkäufer auch wirklich Eigenthümer sei [7]). Ein Verkauf vom Nichteigenthümer könnte nach französischem Rechte nimmermehr als die vente parfaite entre les parties im Sinne des Art. 1583 angesehen werden; als Verkauf wäre er ja nichtig (Art. 1599). — Wie aber, wenn nun der Verkäufer nicht Eigenthümer wäre? Selbst die spezifisch französische Regel von der absoluten Nichtigkeit eines solchen Kaufs läßt noch eine Schadensersatzobligation bestehn, welche vielleicht als Erstattungsobligation gelten könnte [8]); lassen wir aber einmal diese besondere Regel ganz bei Seite und nehmen den günstigeren Fall: es entstände eine giltige Obligation. Es fragt sich dann, ob diese Obligation hier eine dingliche Wirkung haben kann. Ist der Verkäufer nicht einmal Besitzer, so kann von einer solchen Wirkung nicht die Rede sein; wenn er aber besitzt und doch nicht Eigenthümer ist, so bedeutet das nach französischem Fahrnißrechte, daß er bereits durch eine Obligation gebunden ist, die Sache einem Anderen zu lassen; sein Besitz wirkt vermöge seiner Obligation für diesen Andern und, so lange er besitzt, so lange Obligation und Besitz verbunden sind, besteht auch diese rechtliche Zugehörigkeit der Sache fort. Die neue Obligation, welche jetzt der Besitzer gegenüber dem Käufer übernimmt, ändert an diesem Verhältnisse Nichts, also bleibt das frühere Eigenthum bestehn. Das Eigenthum aber ist seiner Natur nach undurchdringlich und durch diesen einen Besitz kann auch nur Einer voller Eigenthümer sein; also wird es der Käufer nicht, trotz der neuen Obligation und diese Obligation hat keine dingliche Wirkung.

---

[7]) Ztschr. f. franz. Civ.-R. Bd. 5, S. 651.
[8]) Vgl. den oben angezogenen Aufsatz von Lippold in Ztschr. f. franz. Civ.-R. Bd. 5. S. 648 ff. und einen desgl. von Kohler, eod. Bd. 8. S. 496.

Der apodiktische Satz: la vente de la chose d'autrui est nulle, hat gerade die Versagung der dinglichen Wirkung im Auge, denn la vente nach französischem Rechte ist an sich ein Geschäft mit dinglicher Wirkung. Wenn Art. 1583 sagt: la propriété est acquise à l'acheteur à l'égard du vendeur, so will damit nicht — wie auch Goldschmidt [9]) meint — ein „Vertragseigenthum mit höchst beschränkter dinglicher Wirkung" bezeichnet werden, sondern diese Einschränkung bedeutet eine Voraussetzung, die nämlich: sofern es nur an dem Verkäufer liegt, Eigenthum zu geben und nicht etwa ein Dritter darum gefragt werden müßte. In dieser Voraussetzung ist auch das Vertragseigenthum ein volles [10]), ohne sie gar keines.

Sehn wir aber nun weiter: wie kann ein solcher Käufer doch noch Eigenthümer werden? Was geschehen muß, liegt auf der Hand. Es ist nothwendig, daß die Kette gebrochen werde, welche die Sache mit dem früheren Eigenthümer verbindet. Dies geschieht durch **Besitzübertragung** von dem Verkäufer auf den Käufer. Die alte Obligation besteht dann fort, allein sie kann die Sache nicht mehr erreichen, sie wirkt nicht mehr dinglich. Denn der Verpflichtete besitzt nicht mehr; der Andere, welcher besitzt, ist dem ersten Forderungsberechtigten gegenüber nicht verpflichtet, also wirkt sein Besitz nicht für diesen. In gutem Glauben und auf Grund eines Veräußerungsgeschäftes hat er erworben, sein Besitz ist ein obligationsfreier Besitz, also Eigenthum.

Es ergibt sich daraus für das französische Recht ganz nothwendig der Satz, den man neben jenem anderen so auffallend finden will: daß nämlich, wenn der Verkäufer nicht Eigenthümer ist, nicht der Kauf, sondern erst die in Folge desselben vollzogene Besitzübertragung den Käufer zum Eigenthümer mache. — So wird auch der Fall von den französischen Juristen thatsächlich behandelt. Troplong l. c. Nr. 1062: der Käufer läßt die Sache in Händen des Verkäufers, welcher nicht Eigenthümer war — le véritable propriétaire pourrait

---

[9]) l. c. S. 74.

[10]) Kann es ja doch selbst gegenüber dem pfändenden Gläubiger des Verkäufers geltend gemacht werden; nur das Datum des Verkaufs muß selbstverständlich feststehn. **Aubry et Rau**, l. c. §. 349, 2, c.

revendiquer sa chose sur celui qui la tiendrait de lui et la revente faite par ce dernier ne serait pas un obstacle. Duranton t. 10 Nr. 439, 440: der Käufer einer beweglichen Sache kann sich nicht über Eviktionsgefahr beklagen, sowie er einmal in den Besitz der verkauften Sache gelangt ist, denn der anfangs wirkungslose Kauf „postea convalescit" [11]).

Gerade diesen zweiten Fall hat aber unser Handelsgesetzbuch ausschließlich im Auge. Es will nicht sprechen von einem vollkommenen Kauf, d. h. von einem solchen, wo der Veräußerer Eigenthümer war, sondern der Erwerb vom Nichteigenthümer ist es einzig, den es behandelt [12]). Für diesen Fall aber muß es in vollem Einklang mit dem Rechtssysteme, welchem seine Eigenthumslehre angehört, die Entscheidung treffen: Eigenthum wird erst erworben durch Uebertragung des Besitzes.

Wir können diese Auffassung des Art. 306 nicht scharf genug betonen, denn hier handelt es sich um ein Stück Zukunft unserer deutschen Rechtsentwicklung. Hinter Art. 306, sagen wir, steht ein ganzes fertiges System, selbständig namentlich gegenüber dem römischen Recht. Also ist die Regel, die dieser Art. gibt, klein bloßes Versatzstück, welches man in eine beliebige Umgebung hineinstellen mag; sondern was zu ihr gehört, und was allein zu ihr paßt, das haben wir im bisherigen genugsam ausgeführt.

Unser Handelsgesetzbuch hat hierauf keine Rücksicht genommen. Es konnte der Sachlage nach kein vollkommenes System des Fahrnißrechtes aufstellen. Nur das Dringendste hat es besorgt; und zu diesem Zwecke hat es einen einzelnen Satz aus dem französischen oder, sagen wir besser, dem neuen germanischen System herausgenommen. Dieser Satz ist allerdings praktisch gerade der Entscheidende. Denn für die praktische

---

[11] vgl. auch Delvincourt t. 3 p. 128 Nr. 5. — Bourjon, livre 2, titre 2, chap. 1er, Nr. 6.

[12] Goldschmidt, l. c. Bd. 9 S. 48: „Noch hat das Handelsgesetzbuch überhaupt das Rechtsverhältniß zwischen dem Eigenthümer und dem ersten Erwerber regeln wollen, sondern überall nur zu dem dritten Erwerber."

Frage, wer ist Eigenthümer, gehen in allen übrigen Fällen römisches Recht und seine Verwandten nicht weit ab von dem germanischen: der malae fidei Erwerber, der détenteur précaire werden gleich behandelt, der Unterschied im Erwerb vom Eigenthümer verwischt sich leicht durch das constitutum possessorium. Der Gegensatz wird schroff und unverkennbar erst bei der Frage: Soll auch derjenige Eigenthümer sein, der bona fide und auf Grund eines Veräußerungsgeschäftes vom Nichteigenthümer Besitz erwirbt? Diese Frage hat das D. HGB. bejaht und hat damit gerade den praktisch wichtigsten Fall im Sinne des französischen Rechts entschieden. Indem es aber diesen Satz allein für sich hineinstellte in eine Rechtsordnung, die sonst überwiegend von römischen Begriffen erfüllt ist, hat es denselben thatsächlich doch wie ein bloßes Versatzstück behandelt und ein bloßes Nothrecht geschaffen, welches dem augenblicklichen Bedürfnisse genügt, aber nimmermehr den Anforderungen, welche wir an ein durchgebildetes Rechtssystem stellen müssen.

Aus diesem bloßen modus vivendi muß das künftige deutsche Civilgesetzbuch uns heraushelfen. Wenn es wahr ist, was man von Anfang an verkündete, daß das deutsche Handelsgesetzbuch mit seiner Bestimmung über das Fahrnißeigenthum dem ganzen künftigen Civilrecht den Weg zeigen müsse, so geht dieser Weg auf die volle Annahme des französischen Systems. Aber so oder so, ein ganzes Recht, ein Recht aus einem Gusse müssen wir haben: entweder muß der Schritt zurückgethan werden, welchen uns das deutsche Handelsgesetzbuch geführt oder es muß das übrige Fahrnißrecht folgen. Die Kompromisse, von welchen unsere politische Gesetzgebung lebt, stehen dem Privatrecht unbedingt nicht an.

Wir wollen nicht sagen, daß nicht am Ende die Praxis auch mit einem solchen Mischsystem leben und auskommen könnte; warum denn nicht? Die Launen der Gesetzgebung haben schon schlimmere Nothlagen geschaffen und die praktische Uebereinstimmung der durcheinander geworfenen Systeme in den häufigsten Fällen (wie wir es oben betonten) erleichtert die Auskömmlichkeit.

Aber die Wissenschaft, welche ein solches Recht innerlich

durchbilden und weiter entwickeln soll, sie leidet darunter, sie spürt den klaffenden Zwiespalt¹³); und wenn sie ihn nicht spürt — desto schlimmer; dann muß sie erst noch dahin sich durcharbeiten und es gilt zunächst diesen Prozeß zu beschleunigen. In diesem Vorstadium befinden wir uns jetzt. Gerade die Verhandlungen des XIV. deutschen Juristentags, die sich ja auch mit der Zukunft des deutschen Fahrnißrechtes beschäftigten und zu gegenwärtiger Arbeit die Anregung gegeben haben, scheinen uns das Gesagte zu bestätigen. Wir wollen an dem dort behandelten Gegenstande zum Schluß hier noch einmal die ganze Tiefe des Gegensatzes aufweisen, der uns im Bisherigen so oft entgegentrat.

Wir haben Eingangs gesehen, wie man die Bestimmungen unseres Handelgesetzbuches einfach an die römische Usukapion anzuknüpfen suchte. Neuerdings ist man eher geneigt, einen Fall der Tradition darin zu finden, mit außerordentlicher Wirkung¹⁴) oder auch einen Erwerbsakt sui generis von etwas exotischer Natur in der Art etwa, wie Laurent den Art. 2279 des c. c. behandelt¹⁵) Um einen Eigenthumserwerbsakt aber handelt es sich immer. Die Lehre des französischen Rechts, daß Eigenthum übergeht durch bloßen Vertrag, bietet daneben noch einen Erwerbsakt, auch wieder außerordentlicher Art. — Nun behandelt der letzte deutsche Juristentag die Frage:

13) Dieses Gefühl tritt bei Gerber, deutsches Privatrecht, in sehr lebhafter Weise zu Tage. Er verwirft die „allzugroße Begünstigung des Verkehres", welche die neueren Gesetzbücher und insbesondere auch das D. H. G. B. durch ihre Bestimmungen über Erwerb des Mobiliareigenthums geschaffen haben (S. 280). „In dieser Erschütterung des Eigenthums liegt eine unweise Begünstigung des Obligationenrechts. Ueberhaupt sollte die neue Gesetzgebung in der Begünstigung eines bona fides Rechtes innehalten; sie riskirt in der Verfolgung dieses Rechts das wirkliche Recht zu zerstören und an seiner Stelle das System eines bloßen Scheinrechts zu etabliren." — Erschüttert ist nur das römische Eigenthum; aber gegenüber einer Gesetzgebung, welche das römische Eigenthum als das einzige wirkliche Recht anerkennt und zugleich wieder Sätze aufstellt, die es unversöhnlich verneinen, sind diese Vorwürfe allerdings gerechtfertigt.

14) Maubry, civilrechtlicher Inhalt der Reichsgesetze S. 254. — Puchelt, Kommentar, Art. 306, Nr. 2. — Goldschmidt, Handbuch, S. 79, III.

15) Endemann §. 76, I. — v. Hahn, Kommentar; Bd. II ad Art. 306.

„Soll nach dem deutschen bürgerlichen Gesetzbuche das Eigenthum an einer beweglichen Sache durch Vertrag, sobald solcher abgeschlossen, oder erst durch Uebergabe der Sache erworben werden?" — und wieder ist es nur der Streit zwischen zwei verschiedenen Arten von Eigenthumserwerbsakten, worin das ganze Interesse der Gutachten und Verhandlungen gipfelt: auf der einen Seite steht der römischrechtliche Erwerbsakt der Tradition, auf der andern der französische des bloßen Vertrags und praktische Rücksichten der Erkennbarkeit und freien Beweglichkeit des Parteiwillens, der Sicherheit des Verkehrs u. s. w. sollen die Wahl bestimmen. Selbst Petersen, der kundige und scharfsinnige Vertheidiger des französischen Systems, steht ganz auf diesem Standpunkt. Daneben allerdings finden wir Andeutungen über den absoluten Charakter des römischen Eigenthums und den Gegensatz des germanischen Mobilienrechts, und einen merkwürdigen Moment bezeichnet die Frage, welche Dernburg auf einmal in diese praktische Debatte hineinwirft: „Was ist denn Eigenthum? wissen Sie es Alle ganz genau? was ist das Eigenthum an Mobilien 16)!"

Die Beantwortung dieser Frage muß unseres Erachtens das Erste sein; bevor wir uns über die dem Eigenthumserwerbsakte zu gebende Form streiten, müssen wir erst wissen, **ob wir überhaupt einen Eigenthumserwerbsakt im gebräuchlichen d. h. im römischrechtlichen Sinne haben können**. Dieser ganze Begriff hat ja keine aprioristische Wahrheit.

Es kommt darauf an, wie man die rechtliche Zugehörigkeit der Sache ansieht. Dem römischen Rechte ist sie eine abstrakte Eigenschaft der Sache, welche dieselbe ungesehen überall hin begleitet. Eben darum ist ein förmlicher Erwerbsakt hier eine Nothwendigkeit: es muß doch wenigstens die Entstehung dieser Eigenschaft äußerlich scharf markirt werden. Daher die feierlichen Formen der alten Eigenthumsübertragung, welche auf Staat und Gesellschaft hinweisen und welchen allein die Kraft zuerkannt wird, der Sache den alten Stempel zu nehmen und ihr einen neuen ebenso unverwischbaren aufzudrücken.

---

16) Verhandlungen, Bd. II, S. 256.

Durch das jus gentium d. h. durch die Rücksichten des gesteigerten Verkehrs erhält auch der Besitz eine größere Bedeutung für das Eigenthum, aber, bezeichnend genug, nur so, daß er dem vorhandenen Systeme der Erwerbsakte sich anschließt und selbst einen neuen Erwerbsakt liefert: die Eigenthumsübertragung durch Tradition. Nicht als ruhender Zustand wirkt er hier, sondern in seiner Bewegung; denn zum Erwerbsakt gehört ein Vorgang, eine Handlung. — Im germanischen Rechte kommt es aber gerade auf den Zustand des Besitzes an. Das Eigenthum ist hier nicht so rein abstrakt wie dort. Es bedarf einer sinnlichen Grundlage in der Thatsache des Besitzes, auf welchen es unmittelbar oder vermittelt durch die Erstattungsobligation sich stützt. Nur durch den Besitz und mit dem Besitz besteht es und dauert es fort. Daher gibt es wohl auch hier für den Einzelnen bestimmte rechtliche Vorgänge, mit welchen für ihn sein Eigenthum entsteht und welche man als Eigenthumserwerbsakte bezeichnen mag. Allein diesen Vorgängen fehlt ganz und gar der mystische Charakter des römischen Eigenthumserwerbsaktes: sie haben nur die Bedeutung eines zeitlichen Anfangspunktes des Zustandes, welcher das Eigenthum erzeugt und hält und trägt und mit welchem das Eigenthum auch wieder erlischt. Daher denn auch hier eine charakteristische gleichbleibende Form des Eigenthumserwerbsaktes gänzlich fehlt. Durch das Zusammenspiel von Besitz und Obligation kann das Eigenthum in verschiedener Weise beginnen. Mit dem Besitzerwerb: dann haben die begleitenden Vorgänge nur die negative Bedeutung, keine Erstattungsobligation für den Besitzer zu begründen; das ganze wird meist die Form einer Tradition auf Grund eines Veräußerungsgeschäftes annehmen; aber wenn nur keine Obligation übrig bleibt, kommt es auf die Gültigkeit des Geschäftes, auf Recht des Autor, Veräußerungsfähigkeit u. s. w. gar nicht an. — Vor dem Besitzerwerb: dann handelt es sich im Gegentheil um die regelrechte und vollgültige Begründung eines Forderungsrechtes gegen den Besitzer. — Nach dem Besitzerwerb: dann war der Besitzer bisher nicht Eigenthümer wegen einer ihm obliegenden Erstattungsverbindlichkeit gegen einen Andern und damit er Eigenthümer werde, muß dieser Andere in regelrechter und vollgültiger Weise sein Forderungsrecht aufgeben (wir bedürfen hier keiner Fiktion von brevi manu traditio). Noch mannigfaltiger wird das Bild, wenn man die Fälle hinzurechnet, wo die Erstattungsobligation durch mehrere Personen hindurchgeht, wie in den oben nach Duranton angeführten Beispielen. — Wer hier die festen, feierlichen Gestalten römischer Eigenthumserwerbsakte sucht, kommt vor lauter Ausnahmen und Anomalien zu keiner Regel und kehrt sich schließlich unwillig ab von einem so unlogischen Rechtssystem. Darum soll man römische Eigenthumserwerbsakte hier nicht suchen; sie sind da der Natur der Sache nach nicht zu finden. Das germanische Recht bedarf keiner solchen Marksteine um hinter der lebendigen Wirklichkeit ein entferntes Eigenthum zu suchen; es nimmt die Sache an dem Punkte, wohin sie der Verkehr nun einmal thatsächlich gebracht hat und zieht von hier aus seine Kreise: der Besitzer ist der Nächste, der berufen ist, an seine Stelle kann aber derjenige treten, welcher etwa von dem Besitzer die Sache rechtlich zu fordern hat; darüber hinaus wird nach Nichts mehr gefragt. Was in diesem Systeme wenigstens eine Analogie bietet zu dem Eigenthumserwerbsakte, das ist die Thatsache des Besitzwechsels, welche jedesmal den Kreis der rechtlichen Beziehungen, deren Mittelpunkt die Sache ist, ganz neu schafft. Der frühere Kreis als solcher ist ausgewischt, mit allem was in ihm enthalten war. Nur in einer Erstattungsobligation, welche etwa beim Besitzwechsel entstand (durch Vertrag oder Delikt), mag er noch nachwirken; allein diese Obligation, gleichsam der verbleibende Rest des früheren Zustandes, gehört eben selbst ganz dem neuen Rechtskreise an, der um den neuen Besitzer sich schließt und das rechtliche Schicksal der Sache bestimmt. —

Das Recht, welches wir hier geschildert haben, mag auf Manchen den Eindruck der Fremdartigkeit und Schwerfälligkeit machen. Im wirklichen Leben handhabt es sich leicht und sicher; das wird jeder bezeugen, der im Gebiete des französischen Rechtes praktisch thätig ist; das bezeugt auch die Leichtigkeit, mit welcher seine wesentlichsten Grundsätze durch unser Handelsgesetzbuch eingeführt worden sind. Schwerfällig und unbeholfen ist nur unsere theoretische Darstellung;

wie kann sie auch anders sein? Wir haben versucht, in fortwährendem Gegensatze zu romanisirenden Theorien, unser Recht seine eigne Sprache reden zu lassen. Die Sprache der Wissenschaft ist aber wesentlich römischrechtlich. Ich meine nicht die Ausdrücke, aber die Grundbegriffe, die Gedankenwege, mit diesen sind wir tiefer im römischen Rechte befangen, als wir vielleicht selber glauben. Hier gilt es noch eine Art geistiger Befreiung zu erkämpfen und zur Erreichung dieses Zieles möchten wir gerne etwas beigetragen haben.